우리 모두가 사랑하는 감성 장인

임영웅의 힘

우리 모두가 사랑하는 감성 장인

임영웅의 힘

서병기 지음

BM (주)도서출판 성안당

✦

대* 팬덤 시대를 만들어 낸
임영웅 현상에 주목한다

나는 올해로 37년차 일간지 기자다. 기자 생활 대부분을 엔터테인먼트 현장을 취재하며 보냈다. 그러다 보면 책을 쓰고 싶은 아이템들이 생긴다. 그렇게 해서 2019년에 『방탄소년단과 K팝』을 썼고, 이제 임영웅에 대해 썼다.

BTS와 임영웅에 대해 쓰게 된 것은 둘 다 기존에 없던 새로운 것들을 만들어 냈기 때문이다. 우리는 이런 사람을 '혁신가^{이노베이터}'라고 부른다. K팝 등 문화 산업의 주체는 정부나 기업보다는 민간과 개인이다.

지금은 개인 혁신가 시대다. 인플루언서, 크리에이터, 아이돌

✦

등 혁신 주체로 개인이 나서는 시대다. '영웅시대'라는 임영웅 팬덤도 개인이 참가해 개성을 잃는 집단이 아니라, '영웅시대'라는 우산 속에서 개인마다의 개성이 그대로 살아 있는 활동을 펼침으로써 각자가 반짝반짝 빛나게 된다.

특히 새로운 소비 세력으로 떠오른 '신중년'들이 임영웅에 대해 덕질을 함으로써 뿌듯한 보람을 느끼고 사회에도 의미 있는 일을 하는 자부심을 갖게 된 경험담들을 들어보면 임영웅이 새로운 문화를 만들었다는 충분한 증거가 된다.

임영웅은 2016년 8월 8일 디지털 싱글 '미워요'로 데뷔해, 2017년 KBS 〈아침마당 도전 꿈의 무대〉에서 5연승을 했지만, 대중적으로 널리 알려진 것은 지난 2020년 1월 2일부터 방영된 TV조선 〈미스터트롯〉에 참가하고 '진'에 오르면서다.

그로부터 4년이 지난 지금까지 임영웅은 계속 새로운 문화를 만들어 내며 우리 대중문화계에 좋은 영향력을 미치고 있다. 오디션 출신 1위는 세월이 가면 존재감이 줄어들기도 하지만, 임영웅은 오히려 그 반대다.

✦

이 책은 임영웅 현상을 보다 더 구조적으로 파악하기 위해 기획됐다. '감성 장인' 임영웅을 알기 위해서는 임영웅 속으로 깊숙이 파고들어 가는 방법도 있고, 임영웅을 둘러싼 대중문화 현상, 트로트 음악 시장, 팬덤 변화 등 임영웅 주변을 파악하는 방법도 있다. 나는 주로 후자에 주목하며 임영웅 현상을 보다 구조적으로 이해하려고 노력했다.

이를 위해 이미 《헤럴드경제》에 썼던 몇몇 컬럼과 인터뷰, 기사, MS투데이 기고문 등을 인용하거나 첨가하기도 했다.

또한, 임영웅에 대한 무조건 찬양 일변도가 아니라, 임영웅이 우리 대중문화에서 끼친 영향력과 역할, 의미 등을 객관적으로 분석, 파악하려고 했다.

가령, 임영웅이 왜 OST 가창에 강한지를 살펴보면서 이승철과 백지영 등 기존 OST 킹과 퀸의 특징과 비교해 보는 방식을 쓰기도 했다. 임영웅은 여백을 활용하는 가창력을 발휘하므로 노래를 듣다 보면 그림이 그려지는 경우가 있다. 이를 공감각적 개념으로 풀었다. 그래서 임영웅의 가창은 드라마나 영화

OST에 유리하다고 해석했다.

특히 나는 임영웅이 TV조선 〈미스터트롯〉 본선 3차 기부금 팀 미션 에이스전에서 선보인 '어느 60대 노부부 이야기'를 들을 때에는 그림이 더욱 구체적으로 그려졌다.

고故 김광석이 원곡자인 '어느 60대 노부부 이야기'는 60대 남편이 인생을 함께 살아온 사랑하는 아내를 먼저 떠나보내는 애틋한 마음을 담은 곡으로, 임영웅은 황혼의 헤어짐을 담담한 목소리로 노래하며 절제된 가사 의미를 전달해, 수많은 시청자들의 눈시울을 붉게 만들었다. 무대를 마친 임영웅은 억눌렀던 감정이 터져 나온 듯 뒤돌아서 조용히 눈물짓기도 했다.

물론 듣는 사람이 임영웅이 끌고 가는 '감성 열차'에 올라타고 주변 경치를 감상하면서 가야 그 감성을 오롯이 느낄 수 있다. 임영웅 감성 열차에 타지 않은 채 들으면, "노래가 조금 느리지 않아?"라고 말할지도 모른다.

임영웅 이름 앞에는 트로트 가수가 아닌 '가수'라는 말이 가장

✦

잘 어울린다. 임영웅은 매우 다양한 장르의 음악을 소화하고 있다. 발라드, 트로트, 힙합, EDM, 영미팝까지 두루 부른다. 노래마다 그 분위기에 맞는 성대를 갈아 끼우고 나온 듯 정교하고 섬세하다.

제이슨 므라즈의 '아임 유어즈I'm Yours'와 루이스 폰시의 '데스파시토Despacito'도 능숙히게 부른다.

샘 스미스의 '아임 낫 디 온리 원I'm Not The Only One'을 부를 때도 자신만의 해석력을 가미해 반半가성까지 적절히 사용하며 짙으면서도 섬세한 감성을 주조함으로써 또 다른 중독성을 만들어낸다. 때로는 감미롭고, 때로는 몽환적이며 소울감 충만하다. 임영웅은 멜로디와 선율감이 좋아 감성이 확 밀려오며 호소력을 극내화시키고 있다.

이렇게 다양한 음악 스펙트럼을 지닌 임영웅은 트로트 오디션에 출전해 1위를 차지했다. 하지만 그를 트로트만으로 한정할 수는 없다. 기존 노래 스타일과는 많이 다른, 댄스와 EDM이 포함돼 있는 '두 오어 다이Do or Die'는 자신의 팬들 성향과는 다른 스타일일 수도 있음에도 새로운 시도를 했다는 점에서 박수를 쳐줄 만하다. 그렇게 해서 우리는 인생의 무대 위 주인공이 되어 후회 없는 나날을 보내려는 열정을 담아 임영웅 자신이 작사에도 참여한 '두 오어 다이Do or Die'를 보고 들을 수 있게 됐다.

임영웅이 2022년 5월 발매한 정규 1집인 〈IM HERO〉 수록 곡인 '아비앙또A bientot'는 심지어 레게풍의 힙합 장르곡이다. 'A bientot' 가사에 담긴 실연의 아픔이 임영웅을 만나 신나는 곡이 됐다. 임영웅의 또 다른 매력에 반하게 되는 곡이다.

임영웅은 이미 〈사랑의 콜센터〉에서는 크러쉬와 함께 다이나믹 듀오의 '고백'을 부르며 랩 파트를 막힘없이 소화해 눈길을 끌었고, 〈뽕숭아학당〉에서 MC스나이퍼의 'Bk Love'로 랩 실력을 빛내기도 했다. 임영웅은 'A bientot'를 통해 '래퍼 웅'의 매력을 발산하며 앞으로 보여줄 무한 스펙트럼에 기대감을 더욱더 높였다.

나는 이를 단순히 임영웅의 '도전성'이라고 표현하기보다는

✦

임영웅의 '유연성'이라고 부르고 싶다. 임영웅의 정규 1집 수록 12곡 중에는 트로트가 3곡밖에 안된다. 임영웅의 이런 유연하면서도 다양한 음악 여정은 서태지와도 유사한 면이 있다.

서태지는 본래 메탈 밴드 '시나위'의 베이시스트였지만, 1992년 서태지와 아이들의 보컬로 데뷔할 때는 랩댄스 곡 '난 알아요'로 순식간에 대한민국 대중문화의 판도를 뒤바꿔 버렸다. 그 후에는 서태지는 힙합, 발라드, 일렉트로니카, 스래시 메탈, 갱스터 뮤직 등 다양한 장르의 음악을 소화했고, 98년 솔로로 나선 이후에는 얼터너티브 록, 하드코어 펑크, 뉴 메탈 등 자신이 하고 싶은 음악을 더욱 깊게 파고들었다.

임영웅도 앞으로 대중성과 흥행성에 영합하지 않고 자신이 좋아하는 음악에 계속 도전하는 아비스트로서의 모습을 보일 것으로 기대된다. 팬들은 이런 임영웅의 도전에 계속 박수를 치며 응원해 줄 것이다.

서문을 쓰고 있는 2024년 5월 초에도 임영웅의 자작곡 '온기'와 'Home'이 담긴 더블 싱글 뮤직비디오가 공개됐다. 신곡인

'온기' 뮤비는 임영웅이 차를 몰고 가며 다양한 감정선을 표현하고 있으며, 이 장면들은 단편 영화로 제작됐다. 참으로 다양한 시도를 하고 있는 임영웅이다.

연예인이 인기를 얻기 위해서는 서로 이질적인 두 가지 요인을 갖추는 것도 한 가지 방법이다. 김수현이 비주얼로 볼 때 소년 이미지인데 목소리는 중저음 성인 톤이다. 이를 '갭 차이'로 설명한다. 〈별에서 온 그대〉를 연출한 장태유 감독은 김수현에 대해 "소년의 얼굴, 사내의 목소리, 연인의 눈빛을 지닌 배우"라고 표현했다.

임영웅도 상반된 이미지가 공존한다. 반듯한 청년 이미지인데 잔망미가 있다. 반듯함과 잔망끼, 뭔가 한 사람에게 공존하기 힘든 성향 두 가지가 임영웅 안에는 함께 있다.

임영웅의 잔망미는 〈미스터트롯〉 스핀오프인 〈사랑의 콜센타〉와 〈뽕숭아학당〉 등에서 가끔씩 나와 시청자를 즐겁게 해준 바 있다. '강냉이 젤리 사건'과 '몸으로 말해요' 게임에서 '언 발에 오줌 누기 설명 장면' 등은 그의 잔망끼가 한껏 발휘되면서 큰

✦

웃음을 준 대표적인 사례다.

차분하고 감성적인 노래를 많이 불러도, 사람들을 수시로 즐겁게 해줄 수 있는 잔망끼를 지니고 있다는 점은 임영웅의 큰 강점이다. 나는 이를 임영웅은 어렵게 자랐지만, 정신이 메마르지 않고, 유머 감각과 여유로움을 항상 지니려고 노력했기 때문이라고 본다.

임영웅은 〈미스터트롯〉에서 보면 춤을 잘 추지 못한다. 하지만 2022년 12월 고척돔 앙코르 공연에서 걸그룹 아이브의 '애프터 라이크After Like' 댄스를 능숙하게 소화했다.

세상 요염한 포인트 안무까지 척척 해내 관객들을 놀라게 했다. 임영웅의 아이돌 춤은 인터넷 '짤'로도 나와 큰 인기를 끌었다. 아마 피나는 연습의 산물이었을 것 같다.

임영웅이 대한민국 대중문화사에 한 획을 그은 인물이 되기 위해서는 재주를 어느 정도 타고나야 하지만 성실함과 꾸준함도 뒷받침되어야 한다. 임영웅은 이를 몸소 실천하고 있다. 그렇

+

게 하면서도 항상 유연하게 새로움에 도전한다. 그것이 임영웅 최고의 매력이다.

임영웅 공연은 3시간 동안 게스트 없이 혼자 진행된다. 옷 갈아입을 시간도 없을 정도다. 엄청나게 힘든 작업이다. 음악 연습은 물론이고 몸을 철저하게 관리하지 않으면 안 된다. 아무리 거대 팬덤이 자신을 응원한다 해도 이러한 노력과 삶의 자세가 없다면 팬덤도 유지되기 어렵다. 하지만 임영웅의 팬덤은 시간이 갈수록 더욱 굳건해지고 있다.

임영웅이 공연을 열 때마다 '피케팅피가 튀길 정도로 치열한 티케팅'이 일어날 수밖에 없는 것도 그 때문이다. 임영웅 콘서트 티켓을 확보하면 효도에 성공한 것으로 여긴다.

2024년 5월 25~26일 서울월드컵경기장에서 열리는 2024 임영웅 콘서트 'IM HERO - THE STADIUM아임 히어로 - 더 스타디움' 공연에서는 배우 박보영이 콘서트 예매에 성공해 효녀 대열에 합류했다. 박보영은 SNS에 "세상에 이런 일이"라는 글을 올렸다.

✦

서문

뿐만 아니라 작곡가들은 임영웅이 자신의 노래를 불러 주길 학수고대한다. 임영웅이 부르면 뜰 확률이 매우 높기 때문이다. 작곡가는 유명해지고 저작권료가 많아진다. 대중 음악 작곡가들의 선순환 구조를 임영웅이 이끈다.

기자들은 임영웅 보도자료를 그대로 받아쓴다. 임영웅 관련 기사는 조회수가 많이 나온다. 임영우 기사는 '많이 본 뉴스'와 '공감 많은 기사'로 분류된다. 임영웅 기사는 '좋아요'가 많아지기 때문에 공감 많은 기사 1위~30위 대다수를 차지하기도 한다.

광고계에서는 임영웅 모시기에 바쁘다. 단순히 인기가 많아서가 아니다. 임영웅의 성실과 삶을 대하는 긍정적 자세, 올바른 가치관 등이 팬들의 무한지지를 받고 있다는 걸 알고 있기 때문에 그 이미지를 상품에도 연결시키고 싶기 때문일 것이다.

임영웅을 모델로 기용한 KGC인삼공사 정관장측은 "임영웅의 철저한 자기 관리와 팬을 대하는 진심 어린 태도가 정관장이 쌓아올린 신뢰의 가치와 부합한다고 판단해 신규 모델로 발탁

✦

했다. 남다른 실력과 인성으로 신뢰의 아이콘으로 우뚝 선 임영웅과 타협하지 않는 엄격한 품질의 정관장이 함께 만들어 갈 시너지가 기대된다."라고 밝혔다.

실력 있는 데다가 성실하고, 노력도 하며 반듯하게 세상을 살고 있는 임영웅의 모습은 결코 하루아침에 이뤄진 게 아니다. 말하지 않아도 임영웅이 절제하는 삶을 살며, 팬을 위해 열심히 음악을 준비하는 모습이 상상된다. 이렇게 해서 굳건하게 쌓아올린 임영웅의 콘텐츠는 오래 갈 수밖에 없다. 게다가 임영웅은 팬들과 지속적인 선행을 이어가며 나눔 문화를 조성하고 있다.

임영웅 팬덤의 주력인 40대~60대들의 화력은 엄청나다. 임영웅의 신곡 '두 오어 다이'가 지난 2023년 10월 발매 직후 '멜론' 톱100 차트 1위를 차지했다. 멜론 등 국내 음원 차트는 주로 아이돌들이 1위를 하는 곳이다. 이때도 임영웅은 빌보드 차트를 석권하던 방탄소년단 정국과의 경쟁에서 이긴 것이다. 아이돌 그룹은 자신의 팬들인 10~20대들이 저출산으로 줄어들자 해외를 공략하고 있지만, 임영웅의 40~60대 팬덤은 '저출생·고

령화'로 인해 더욱 성장(?)하고 있다.

임영웅은 이처럼 독특한 '대★팬덤의 시대'를 만들어 냈다. 이 모
든 것들이 임영웅이 대중음악계에서 새롭게 만들어 낸 문화다.
앞으로도 임영웅이 어떤 걸 또 만들어 낼지 기대가 된다.

임영웅의 팬덤 '영웅시대'와 함께 이를 지켜보는 건 흥미로운
일일 것이다.

2024년 5월
서병기

임영웅은 트로트 가수가 아니다
'장르 노마드'

- 서병기

나는 일간지 기자 생활을 하면서 레저, 여행, 스포츠 담당을 거쳐, 대중문화 담당으로 필드를 뛰고 있다. 대중문화도 24년 정도 취재했다. 가수와 배우가 스타가 되고, 사라지기도 하는 등 수많은 스타의 명멸明滅 과정을 봐 왔다.

그런데 이 긴 기간 동안 취재하면서 가장 놀랍고 특이한 경험이 '임영웅 현상'이다. 가수 임영웅은 여러 가지 면에서 특이하다.

임영웅은 2020년 TV조선 〈내일은 미스터트롯〉에 출연하면서 국민 가수가 됐다. 하지만 이전에도 가수로 활동했다. 트로트 라는 한 가지 장르만 부르지 않았고 발라드와 포크, 팝송까지

넓은 장르를 아우른다. 그러니 임영웅을 트로트 가수로 국한해서 보면 안된다. 트로트도 부르는 가수다.

임영웅의 역사를 촉발시킨 〈미스터트롯〉 1회가 방송된 2020년 1월 2일 임영웅이 현역부 A조로 부른 첫 곡은 트로트가 아닌 발라드곡 '바램'이었다. '바램'에 이어 에이스전에서 또 한 번 조용하게 대박을 친 노래도 트로트가 아닌 '어느 60대 노부부 이야기'다.

이 노래는 한국의 블루스 가수 김목경이 1990년 발표한 서정적인 곡으로 김광석 등이 리메이크하기도 했다. 임영웅은 〈미스터트롯〉에서 이 노래를 여백을 더욱 살리며 자신만의 감성으로 불러 국민적 감동을 선사하면서 '완벽한 감성 장인'이라는 호칭을 얻기도 했다. 이 노래를 작사 작곡한 김목경도 임영웅을 트로트뿐만 아니라 다양한 장르를 소화할 수 있는 전천후 보컬리스트로 봤다.

임영웅은 〈미스터트롯〉 초대 진이 되고 나서도 트로트뿐만 아니라 발라드, 포크, 힙합, 팝송, 록까지 다양한 음악 장르에 도전하고 있다. 조용수 등 음악 전문가들도 임영웅은 창법이나 음색이 부드러운 발라드 가수에 잘 어울린다고 말하기도 했다. 정규 1집 타이틀 곡인 '다시 만날 수 있을까'도 싱어송 라이터 이적이 작곡, 작사한 발라드 곡이다.

임영웅은 장르에 얽매이지 않는 '장르 노마드'다. 이 갖가지 장르에서 어떤 걸 부각시킬지는 자신의 음악 감성과 차별화 포인트에 따른 유연함에서 결정되는 것 같다. 미국 팝스타인 포스트 말론도 많은 장르를 소화하는 장르 노마드 가수지만, 한국에서는 임영웅이 대표적인 장르 노마드 가수라 할 수 있다.

대체적으로 트로트 가수들은 무대 위에서 팝송을 잘 부르지 않는데, 임영웅은 레게힙합 '아비앙또A bientot'를 불렀을 뿐만 아니라 EDM도 소화한다. 또한, 푸에르토리코의 가수 루이스 폰시의 레게톤 라틴 팝 'Despacito'와 마이클 부블레의 'Home', 'All of me', 'Everything', 샘 스미스의 'I'm Not The Only One'을 자신만의 감성으로 능숙하게 부른다. 그래서 감성 장인 임영웅은 '한국의 마이클 부블레'라는 별명도 얻었다.

✦

임영웅은 록발라드를 주로 부르는 밴드 버즈의 열혈 팬이기도 하고, 좋아하는 가수는 박효신, 신용재 등 발라드 가수가 많다. 또 그는 미디엄 템포 발라드 '폴라로이드'를 매우 섬세하게 부른다. 들을 때마다 새로운 느낌이 들기도 한다. 임영웅이 그만큼 음악 장르가 다양하다는 증거다. 음악을 이해하는 스펙트럼이 매우 넓기 때문에 나타나는 현상이기도 하다.

임영웅은 2016년 8월 8일 디지털 싱글 〈미워요〉로 데뷔했으니 2024년을 기준으로 하면 9년차 가수다. 2017년에는 KBS1 TV 〈아침마당 도전 꿈의 무대〉에서 5연승을 했다. 하지만 〈미스터트롯〉 전까지는 임영웅을 아는 사람이 그렇게 많지 않았다. 〈미스터트롯〉의 서혜진 PD는 임영웅 팬덤의 70~80% 정도는 2020년 〈미스터트롯〉 이후에 생겼다고 했다.

임영웅의 팬덤이 이때 기하급수적으로 확장된 것은 듣기 좋은 음색과 탁월한 가창력을 지녔기 때문이지만 '착한 아들'이라는 새로운 남자의 모습을 보여 주었기 때문이기도 하다.
임영웅은 4살 때인 1995년에 아버지가 사고로 인하여 별세하고, 엄마와 함께 두 사람이 사는 가정의 '착한 아들'이다. 지금은 바

쁜 가수 활동으로 인해 엄마와 떨어져 지내지만, 엄마와 서로를 위해 주며 살고 있었다. 〈미스터트롯〉에서 '바램'을 부를 때 "한 여자를 지키는 영웅이 이제 여러분을 지키러 왔습니다. 대한민국의 마음을 사로잡을 트로트 영웅 임영웅입니다."라고 말했다.

'한 여자를 지키는 영웅이'에서 '한 여자'는 엄마를 가리킨다. 무명 시절 엄마와 살며 합정동 등에서 군고구마를 파는 등의 아르바이트를 하면서 열심히 살았다. 그런 모습들이 특히 중년 여성들에게 감동적으로 다가간 면이 있다.

임영웅의 소속사인 물고기뮤직 신정훈 대표도 2020년 9월 30일 방송된 TV조선 〈뽕숭아학당〉에서 임영웅을 발탁한 이유에 대해 "'노래를 잘한다', '잘 생겼다'는 느낌보다는 너무 '건실하다'였다. 노래하는 친구들 보면 물이 들어 있는데 그런 것도 없고 열심히 아르바이트 하면서 어머니랑 둘이 살고 있다고 밝게 말하더라. 거기에 만난 첫날 마음이 움직였다."고 말했다.

임영웅은 "그때 제가 노래를 그렇게 막 잘하지도 않았고 외모가 출중하지도 않았는데 왜 나를 뽑았을까 하는 의문은 있었다."고 털어놓기도 했다.

"건실한 모습에 마음이 움직였다."는 신정훈 대표의 말이 공감이 갈 정도로 임영웅을 좋아하는 팬 층이 광범위한 것도 '착한 아들', '건실한 남자' 이미지가 긍정적으로 작용한 때문이기도 하다.

축구 선수 출신의 임영웅은 '축구의 신'인 아르헨티나 슈퍼스타 리오넬 메시 선수를 좋아하는 이유에 대해 이타적인 플레이를 하고 있으며, 스타가 되고 나서도 첫사랑과 행복한 가정을 꾸려나갔기 때문이라고 했다. 그만큼 임영웅은 실력 못지않게 팀플레이를 할 수 있는 성격, 다시 말해 인성人性을 중시한다.

임영웅 팬층은 10대부터 90대까지 광범위하지만 주력은 40~60대, 또는 오팔 세대5060세대가 많다. 오팔OPAL 세대는 '활기찬 인생을 살아가는 신新중년층'이라는 뜻의 영문 'Old People with Active Lives'의 앞 글자를 따 만든 단어다. 이들은 활기찬 인생을 살아가는 액티브 시니어로서 1차 베이비 부머 세대와 겹친다. 이들은 교육의 혜택을 많이 받았고, 경제적, 문화적인 혜택도 받아 자식보다 잘 사는 세대다.

✦

차례

✦

1

여백이 있는
힐링 보이스의 감성 장인

가수 임영웅,
K팝 이노베이터

임영웅은 가요계에서 없던 걸 대거 만들어 낸 사람이다. 그런 점에서 'K팝 이노베이터 혁신가'라고 부를 만하다.

임영웅 하나은행 광고
영상(출처: 하나TV)

이장우 경북대 경영학과 명예교수이자 세계 문화산업포럼WCIF 의장은 오랜 기간 기업의 혁신을 연구한 '혁신 전문가'로서 K팝이 세계적 경쟁력을 가진 하나의 성공산업으로 발전한 과정에도 혁신 모멘텀이 존재함을 밝히고, 혁신의 관점에서 K팝의 성공과 미래 전망을 내놓은 학자다.

이 의장은 K팝도 삼성전자의 반도체처럼 이노베이션을 통해 성장, 발전했다고 했다. 그런데 K팝 이노베이션은 국가 정책이 아니라 혁신가 개인의 꿈과 열정으로부터 출발했다. 그 혁신은 이수만, 방시혁, 박진영, 양현석 등 프로듀서 혁신가들이 위험을 감수, 주도함으로써 퍼스트 무버First Mover가 된 것이다. 이 의장은 "K팝은 혁신 모멘텀을 작동시키는 혁신가의 꿈과 의지가 중요한 만큼 창의적 개인이 혁신 주체가 될 수 있는 사회적 틀을 만들어야 한다."고 말했다.

이수만, 방시혁, 박진영, 양현석뿐만 아니라 임영웅도 K팝 이노베이터 그룹에 함께 할 만한 충분한 근거가 있다. 차이점은 4대 기획사를 각각 만들었던 네 사람이 가수나 싱어송 라이터, 또는 작곡가 출신의 음악 제작자이자 프로듀서라면 임영웅은 보컬리스트라는 점이며, K팝 영역에서 새로운 걸 창조해 냈다는 점에서는 유사하다.

임영웅은 노래와 공연, 팬덤 문화, 광고 효과 등에서 기존에 없는, 완전히 새로운 문화를 만들어 냈을 뿐만 아니라 그 규모와 파급 효과가 엄청나다. 이는 임영웅을 K팝 엔터테인먼트 시장에서 명실상부한 '퍼스트 무버 First Mover, 선도자'로 만들어 주고 있다.

임영웅 공연은 전회차 매진이다. 물론 전회차 매진은 다른 아티스트들도 가능하다. 하지만 임영웅의 콘서트 티켓을 구하면 효도라는 말까지 나온다면 상황은 달라진다. 임영웅의 티켓 파워는 한마디로 엄청나다. 임영웅은 티켓 오픈 때마다 '효도 전쟁'이 벌어지며 '피케팅 피가 튀길 정도로 치열한 마케팅'이라는 말까지 나왔다.

트로트 가수가 1만 7,000~2만 석 규모의 고척 스카이돔이나 5만 석 규모의 서울월드컵경기장에서 공연을 여는 경우는 거의 없다. 이 정도 규모의 공연 개최가 가능한 트로트 가수는 나훈아 정도밖에 없다. 임영웅은 고척돔에서는 이미 공언을 열있고, 2024년 5월 25일과 26일 이틀간 서울월드컵경기장에서 전국 투어 콘서트 'IM HERO' 앙코르 공연을 펼친다.

임영웅은 2022년 전국 투어 콘서트는 2022년 5월 6일~8월 14일, 101일간 21회 공연과 12월 2일~11일, 앙코르 콘서트 5회 공연까지 전국 7개 도시에서 총 26회의 공연을 열어 24만여 명의 관객을 끌어들이며 전회차 매진으로 성료됐다. 최고 트래픽 81만, 대기 시간 153시간이라는 기록을 남겼다.

2023년 9월 콘서트는 티켓 예매 트래픽이 단 1분 만에 최대 약 370만을 달성했다. 이는 인터파크 역대 최대 트래픽으로 남았다.

임영웅 콘서트를 구매하지 못한 대기자만 시작하자마자 50만 명이나 됐다. 임영웅 콘서트의 티켓을 구하기가 어렵다 보니, 임영웅 티켓을 구하면 효도라는 말이 생기게 된 것이다.

하지만 임영웅 콘서트 티켓에는 암표가 등장할 수 있는 만큼 주최 측은 공연 문화를 어지럽히는 암표 근절 의지가 강했다. 암표를 구해 효도하지 말기를 바란다는 주최 측의 뜻도 포함돼 있었다.

2023년 9월 14일 오후 8시 인터파크 티켓을 통해 2023 임영웅 전국 투어 콘서트 'IM HERO' 서울 공연 6회차 티켓이 오픈됐다.

이날 오후 8시, 서울 예매 티켓이 오픈되자마자 단 1분 만에 최대 트래픽인 약 370만을 기록, 무서운 속도로 빠르게 전석 매진으로 명불허전 '티켓 파워'를 입증해 보였다.

단번에 전석 매진에 이어 최대 트래픽까지 기록하며, 매번 자신의 기록을 경신 중인 임영웅의 콘서트는 불법 티켓 관리에 최선을 다한다. 특히 임영웅의 서울 콘서트 티켓은 예매 시작과 동시에 수백만 원 이상의 판매 공고를 내는 암표상들이 등장해서 팬들의 마음을 아프게 하고 공연 문화와 질서를 어지럽히고 있다.

이에 주최 측은 불법 거래로 간주되는 예매 건에 대하여 사전 안내 없이 바로 취소시키며 강력하게 대응한 바 있다. 티켓 불법 거래와 사기로 인한 피해에 대한 주의와 낭부도 서듭 전한 바 있다. 임영웅은 암표 근절에 대한 의지가 워낙 강해, 앞으로도 암표 없는 공연 문화 조성에 힘쓰겠다고 했다.

임영웅 공연에는 3무無와 3유有가 있는 것으로도 유명하다. '3무'는 초대권, 초대 가수게스트, 빈 좌석이다. '3유'는 임영웅의 세세

✦

한 배려와 '영웅시대'의 따뜻한 마음, 스태프들의 친절함이다. 임영웅의 배려에는 편안한 방석과 곳곳에 설치된 넉넉한 간이 화장실, 자녀 대기소 '효도존' 등이 있다. 어르신들을 위한 배려가 느껴질 수밖에 없다. 공연을 다녀온 사람은 환대를 받았다고 말한다.

나는 수많은 공연장을 가봤다. 그런데 임영웅 공연장에 가면 스태프들의 친절함이 확실히 돋보인다. 이는 임영웅이 관객을 위해 세세하게 체크를 하기 때문인 것으로 보인다. 비싼 돈을 지불하고 시간을 낸 관객들을 위한 임영웅의 디테일한 조치라 할 수 있다.

임영웅은 2022년부터 2024년 4월까지 약 45만 3,000명의 영웅시대와 하늘빛 축제를 펼쳤다. 2024년 5월 25일~26일 서울월드컵 경기장에서 펼치는 'IM HERO' 앙코르 공연인 2024 임영웅 콘서트 'IM HERO - THE STADIUM'아임 히어로 - 더 스타디움의 그라운드에는 객석이 없고 기존 스탠드석만 관객석으로 안내됐다.

✦

그라운드 잔디 위에 의자를 설치해 객석을 만드는 보통의 공연과 달리, 임영웅의 콘서트는 그라운드에는 관객이 입장하지 않는다. 이는 서울월드컵경기장의 잔디 훼손에 대해 우려하는 축구팬들과 관계자들의 의견에 귀를 기울여 잔디 훼손을 최소화하는 방향으로 기획된 것이다. 공연의 퀄리티는 더욱 높이면서도 잔디 훼손을 막는, 두 마리 토끼를 다 잡기 위한 기획을 한 것이다.

임영웅 콘서트의 좌석 배치도에는 그라운드에 객석은 없지만 공연의 자랑이자 관객들의 만족도를 최상위로 끌어내는 대형 전광판이 북측에 잔디를 침범하지 않고 설치됐다.
임영웅은 잔디 훼손을 최소화하면서도 콘서트장을 찾을 영웅시대에게 색다르고 화려한 무대를 선사하고자 대관을 확정한 후부터 전 스태프와 다방면으로 고민해 공연을 준비했다.

이외에도 그라운드 밖으로 잔디를 침범하지 않고 4면을 두른 돌출 무대가 돋보여 임영웅이 다시 한번 팬들과 가까이에서 추억을 쌓고, 소통할 수 있도록 했다. 이 공연만 봐도 임영웅이 얼마나 배려가 세세한지를 알 수 있다.

✦

임영웅은 한국기업평판연구소 등이 조사하는 브랜드 평판 지수에서 항상 상위권이다. 광고, 가수, 트로트 가수, 스타 등의 부문으로 나눠 발표하는 순위에서 1~2위가 많다. 이는 유명인과 연관된 거의 모든 영역에 걸쳐 영향력이 미치고 있음을 알려 준다.

한국기업평판연구소는 2024년 3월 24일 임영웅이 2024년 3월 트로트가수 브랜드 평판 지수에서 39개월 연속 1위 자리를 굳건히 지켰다고 발표했다.
이 연구소는 "2024년 3월 트로트 가수 브랜드 평판 1위를 기록한 임영웅 브랜드는 링크 분석에서 '광고하다, 돌파하다, 기부하다'가 높게 나왔고, 키워드 분석에서는 '광고 모델, 콘서트, 영웅시대'가 높게 나왔다. 긍부정 비율 분석에서는 긍정 비율 93.51%로 분석됐다."라고 밝힌 바 있다.

임영웅은 광고 효과도 엄청나다. 임영웅이 광고 모델로 나서면 해당 제품의 판매량이 기하급수적으로 늘어난다. 이 정도의 광고 효과를 만들어 낸 연예인은 흔치 않다.

한국야쿠르트 발효 홍삼 발휘, 리즈케이 화장품, 쌍용자동차

G4 렉스턴, 청호나이스 세니타 정수기, 편강한방연구소 구전 녹용, 덴티스 임플란트, 세정그룹 웰메이드 의류, 티바두마리 치킨, 경동나비엔, 키움증권 홈트레이딩 시스템HTS, Home trading system인 '영웅문', 키싱하트, 뉴트리원, 닥터클로, 광동경옥고, 하나은행, 제주삼다수, KGC인삼공사 정관장. 이상은 임영웅이 광고 모델로 출연했던 전체 제품이 아닌 일부 제품들이다. 은행 광고 모델로 가수가 등장한 것도 이례적이다. 하나은행은 축구 스타 손흥민에 이어 임영웅을 광고 모델로 발탁한 바 있다. 임영웅은 "믿을 수 있는 자산 관리에 영웅은 하나!"라는 내레이션으로 귀를 사로잡았다.

하나은행은 2024년 2월 22일 공식 SNS를 통해 임영웅의 하나은행 새 모델 발탁 소식을 전했다. 당시 하나금융은 임영웅과의 광고 모델 체결에 대해 "세대와 성별을 가리지 않는 인기와 선행과 기부 활동을 꾸준히 하고 있는 임영웅의 따뜻한 행보가 '함께 성장하며 행복을 나누는 금융'이라는 그룹 미션의 방향성과 일치한다."고 설명했다.

임영웅이 출연한 정관장 광고는 열흘 만에 SNS에서 조회수

1,000만 뷰를 돌파했고, 정관장 멤버스에도 가정의 달 프로모션 8일 만에 2만여 명이 신규 가입하는 등 임영웅 광고 효과를 톡톡히 보고 있다.

임영웅에게 CF 모델 제의가 잇따른다는 것은 광고 효과가 그만큼 높기 때문이다. 그래서 임영웅이 광고 모델로 나서면 같은 제품의 후속 시리즈물에도 계속 출연하는 것을 볼 수 있다. 임영웅이 광고하면 왜 효과가 높을까?

첫째, 임영웅 광고 영상 조회수가 엄청나게 올라간다. 조회수 1,000만 회는 기본이다. 뮤직비디오 영상도 아니고 광고 영상은 조회수가 많이 나오기 어렵다. 유튜브를 볼 때도 광고를 회피하고 싶은 게 인간의 마음이다. 하지만 임영웅만은 예외다. 임영웅은 광고 영상도 조회수가 높게 나타난다. 인스타그램 등 SNS 언급량도 기하급수적으로 늘어난다. 광고 효과를 측정할 때, 동영상 조회수와 SNS 언급량은 필수다.

둘째, 임영웅이 광고 모델로 나섰다고 하면 기자들이 앞다퉈 기사를 쓴다. 제품 때문이 아니라 임영웅이라는 모델 때문이다.

요즘 포털 연예 기사에는 댓글을 달 수 없게 돼 있지만 임영웅 관련 기사에는 '좋아요'가 수천 개 달린다. '좋아요'가 많은 기사는 일간 많이 본 뉴스 1등은 못해도 공감 많은 뉴스 1위는 할 수 있다. 공감 많은 뉴스 1위는 거의 매일 임영웅 관련 기사다.

네이버와 다음 등 포털에서는 임영웅 기사에 댓글을 달 수 없지만 이 기사가 유튜브 등 SNS나 연예 관련 커뮤니티에 옮겨지면 댓글이 주렁주렁 달려 있다. 임영웅 하나은행 광고 동영상에는 "임영웅 최고의 가수 사랑합니다", "국보급 보이스로 최고의 힐링을 전해 주는 가수" 등의 수많은 댓글이 남겨져 있다. 역시 임영웅이다.

셋째, 임영웅의 '반듯하면서, 선하고 따스한' 이미지가 광고 시장에서는 매우 긍정적으로 작용한다. 이런 이미지는 웬만하면 거의 모든 제품에 어울린다고 볼 수 있다. 임영웅은 앞으로도 오랜 세월 동안 신뢰를 주는 가수 이미지로 광고계의 러브콜을 받을 것이며, 광고 효과 또한 높게 나타날 것이다. 이처럼 임영웅은 기존 가요 시장에는 없는 현상과 문화를 대거 만들어 낸 K팝 혁신가라고 할 만하다.

'OST 킹' 임영웅은 OST에서도 새로움을 창조했다

▲
'사랑은 늘 도망가'
〈신사와 아가씨〉
임영웅 OST 파트2
(출처: 모스트콘텐츠)

드라마나 영화의 OST를 자주 부르는 가수는 그리 많지 않다. 이승철, 백지영, 신승훈, 폴킴, 에일리, 장범준, 린이 OST를 많이 불렀다. 임영웅도 드라마나 영화 OST에 강한 보컬리스트다.

'OST 킹'이나 'OST 퀸'이 되려면 노래만 잘 부른다고 되는 게 아니다. 이승철과 백지영을 보면 왜 OST 가창에 자주 섭외됐는지를 알 수 있다. 임영웅도 이승철과 백지영처럼 OST에 섭외될 조건을 충분히 갖추고 있지만, 기존 OST 가수들과는 또 다르게 차별화되는 새로움을 창조했다고 생각한다.

지금부터 이승철과 백지영, 그리고 임영웅이 왜 OST에 강한지, 이와 함께 임영웅은 기존 OST 강자로서의 조건과 함께 새로움을 창조한 부분이 무엇인지를 알아보려 한다.

이승철은 40% 중반대의 높은 시청률을 기록한 KBS 수목극 〈제빵왕 김탁구〉2010의 OST인 '그 사람'을 불러 크게 히트시켰다. 탁구윤시윤 분과 유경유진 분의 러브 테마곡 '그 사람'은 젊은이들의 사랑에 애절한 분위기를 더한 바 있다.
작곡가 홍진영이 작곡한 '그 사람'이 처음 방송을 탔을 때는 이승철이 불렀다는 사실을 밝히지 않았지만 노래가 나가고 음원 공개가 되자마자 인기 검색어에 오르는 등 음악에 대한 인기가 급속도로 올랐다.

라이브의 황제인 이승철의 '그 사람'은 윤시윤과 주원 등 당시로서는 어려 보이는 배우들의 가벼워 보일 수 있는 멜로를 진하고 애절한 분위기로 바꿔주는 데 큰 역할을 하며 드라마와 OST의 윈윈 전략의 대표적인 사례로 평가받고 있다.

✦

이승철은 이밖에도 윤일상이 작곡한 MBC 드라마 〈불새〉의 삽입곡 '인연'과 KBS 드라마 〈로즈마리〉의 주제가 '그냥 그렇게', 또 MBC 드라마 〈에덴의 동쪽〉의 OST '듣고 있나요'를 불러 대박을 터뜨리곤 했다.

2009년 김구라는 이승철에게 드라마마다 OST가 대박이 나는 이유를 물어봤다. 이승철은 "곡복과 운이 따르는 것 같다."고 말했다. 그러면서 이승철은 "어떤 멜로디든 송승헌 씨 등 멋진 배우들 모습에 얹히면 OST로서 시너지 효과가 발생하는 것이기 때문에, 그 멜로디가 MC 김구라 얼굴 화면에 나왔으면 뜨겠냐"며 특유의 노련한 말솜씨로 김구라를 당황하게 만들었다.

이승철이 드라마 음악에 특히 강한 이유는 자신의 음악적 감성이 드라마의 분위기와 자연스럽게 잘 어울린 덕분이다. 대개는 통속 멜로 드라마인데, 애절한 발라드의 감성을 감정 과잉 없이 절제된 연륜의 목소리로 소화해 내기 때문에 노래도 살고 드라마의 멜로적 감성도 함께 살아난다.

고음에서 감정을 터뜨려야 할 시점에, 목소리를 내질러야 할 시점에 오히려 힘을 뺀 채 절제하기 때문에 드라마 속 남녀의 슬픈 감성이 극대화되는 역설이 생긴다. 이에 대해 이승철은 "뭔가를 강요하는 건 싫다. 흐느끼게, 독백하듯이, 되뇌는 것을 좋아한다."고 말한 적이 있다.

〈에덴의 동쪽〉 이연희-송승헌 국자 커플의 사랑은 이승철의 음악으로 뻣뻣함을 상당 부분 벗고 애절함을 입었다. 〈불새〉에서도 이서진-이은주-에릭의 타이밍에 따라 변하는 사랑이 이승철의 '인연'으로 애절하고 극적인 분위기를 얻었다. 에릭은 '인연'이라는 음악이 깔려 멋진 남자의 느낌이 강화됐다. 애절하면서도 편안하고 감미로운 이승철의 발라드는 통속 멜로극에서는 큰 힘을 발휘하기에 좋다.

'OST 퀸' 백지영도 드라마 OST만 불렀다 하면 음원 치트 1~2위에 올랐다. SBS 〈시크릿 가든〉이 2회 만에 백지영이 부른 '그 여자'가 음원 순위 1위에 오르는 등 백지영이 부르는 드라마 주제곡은 뜰 가능성이 매우 높게 나타났다. 심지어 드라마 〈자명고〉는 시청자들로부터 외면 받아 정경호-정려원-박민영 등 당시 주연 배우들은 어필하지 못했지만 백지영이 부른 '사랑이 죄인가요'는 인기를 얻는 기현상까지 나타났다. 왜 그럴까. 백지영 씨에게 직접 물었다. 두 가지를 애기했다.

"드라마 OST라 해서 더 애절하게 부르지는 않으며 일반 노래와 창법과 느낌은 똑같다. 나는 가사에 내 느낌을 집어넣는다. 내가 부르는 모든 노래, 특히 발라드는 가사의 내용에 따라 감정의 기복, 애절함의 정도가 결정된다. 〈아이리스〉의 '잊지 말아요'도 OST라 해서 슬프게 부른 게 아니라 가사가 애절하고 애틋해 그렇게 된 것이다."

한데 백지영의 드라마 주제곡은 거의 러브 테마곡이다. 주로 밝은 멜로가 아니라 슬프고, 이루어지지 못해 안타까운 장면에서 흘러나온다. 〈아이리스〉에서 백지영의 '잊지 말아요'는 이병헌과 김태희의 사랑이 엇갈릴 때, 〈로드 넘버 원〉에서도 백지영의 노래가 소지섭과 김하늘이 만나지 못하는 안타까운 상황에서 더 자주 깔렸다.

백지영은 "솔직히 왜 제 노래가 드라마 OST에서 잘 되는지는 모르겠다"면서 "아마 듣는 사람이 (드라마의) 영상을 떠올리기 때문이 아닐까? 애절하고 흐느끼는 듯한 제 목소리가 슬픈 분위기와 더 잘 어울릴 수 있겠다는 생각은 든다."고 말했다.

드라마 OST는 목소리만 들어도 누군지 알 만한 가수들이 부르는 것을 사람들이 선호한다. 특히 사랑 테마곡의 경우 애절하고 호소력 있는 목소리의 소유자들이 절대 유리하다. 허스키한 목소리를 지닌 백지영은 OST 믹싱 시 숨소리도 삭제하지 않아 백지영만이 낼 수 있는 애절함과 애틋함을 살린다.

원래 백지영표 음악은 발라드가 아니라 현란한 라틴풍 댄스였다. 1999년 '선택'을 시작으로 '부담', '대시', '새드 살사' 등으로 변방에 머물던 라틴 음악을 '라틴 열풍'으로 만들어 냈다. 이는 리키 마틴이 변방에 있던 라틴팝을 가지고 미국에서 주류 음악으로 편입시킨 시기와 비슷했다.
라틴 리듬에 맞춘 그녀의 육감적인 율동에 허스키한 목소리가 더해져 애잔함과 흥겨움과 에로틱함을 한꺼번에 선사했다.

하지만 백지영은 2000년 말 엄청난 사건을 겪고 2년 공백 후 컴백해 간간이 댄스곡에 도전하며 '골반 춤'을 추기도 했지만 반응이 미약해 안쓰러울 정도였다. 그러다 터진 건 2006년 장르를 발라드로 완전히 바꿔 상처받은 여심女心을 표현한 '사랑 안해'였다.

이때부터 백지영은 탄탄대로였다. 애조 띤 발라드만 불렀다 하면 큰 반응이 나왔다. 백지영의 발라드는 그녀 특유의 애원하는 듯이 흐느끼는 호소력이 돋보였다. 혹자는 모성애를 자극하는 창법이라고도 했다. 그래서 한 번 듣고 나면 또 듣고 싶은 중독성을 동반한다.

임영웅은 이들 기존 두 OST 킹, OST 퀸과 비슷한 듯 하면서도 다르다. 임영웅도 애절하고 호소력 있는 목소리의 소유자이므로 기본적으로 OST 가창에 유리하다. 목소리만으로 고품격 감성과 진한 여운, 감동을 선물할 수 있다. 임영웅은 영상에 체온을 입히는 감성의 목소리로 호소력을 높이므로 드라마 OST에 사용되면 효과가 매우 높게 나타난다.

하지만 임영웅은 애절하기만 한 건 아니다. 임영웅은 OST 가창자로서의 기본적인 속성 외에도 여백을 활용하는 가창법에 강점을 보인다는 점이 OST에서 새로움을 창조할 수 있는 여지로 발전할 수 있다.

여백을 활용한다는 말을 좀 더 구체적으로 적용하면, 임영웅이 '바램'이나 '어느 60대 노부부 이야기', '보라빛 엽서'를 부를 때 보면 머릿속에 연관된 그림이 그려질 때가 있다. 그래서 나는 임영웅 노래가 매우 '공감각共感覺, synesthesia'적이라고 생각한다. '공감각'은 인간의 감관에 자극이 주어졌을 때 그 자극이 다른 영역의 자극을 불러일으키는 현상을 말한다. 음악을 들으면서, 듣는 감각과는 다른 종류의 감각의 활동이 일어나게 되는 것이다. 임영웅의 이런 요인은 앞으로도 계속 OST 제왕으로 군림할 수 있을 것 같다고 예상할 수 있는 근거가 된다. 임영웅 노래는 드라마나 뮤직비디오 등 동영상과 결합할 때 감성을 더욱 더 배가시킬 수 있다는 얘기다.

게다가 임영웅의 공감각적인 노래가 다음과 같은 두 가지 속성과 결부되면서 더욱더 강한 시너지를 발생시킨다는 사실을 알려 주고 싶다.

✦

첫째, 임영웅은 노래 가사 하나하나의 전달력이 최고다. 일부러 엄숙하게 부르지 않고, 자연스러운 발성으로 노래를 부르는데 가사 내용이 귀에 착착 꽂힌다. 이는 여백을 활용하는 동양화적 가창에서는 더욱더 큰 힘을 발휘한다. 임영웅이 KBS2 주말 드라마 〈신사와 아가씨〉2021~2022의 '사랑은 늘 도망가' 등으로 OST 킹이 된 이유이기도 하다.

둘째, 임영웅의 가창은 자극성이 별로 없다. 언뜻 고음을 장착한 현란한 노래가 드라마 속 주인공들의 이야기를 좀 더 강력하게 끌고 갈 수 있는 동인이 되기도 하지만, 계속 듣다 보면 지루함을 줄 때도 있다.

임영웅 노래는 그럴 가능성이 없다. 자극성이 없는 데다 마라맛도 없는, 이른바 슴슴한 평양냉면 같은 가창법이어서 멜로디와 가사에 오롯이 집중할 수 있다. 임영웅은 자극성은 없어도 드라마 속 장면과 잘 합쳐지면 제대로 시너지를 낼 수 있다.

임영웅의 첫 OST '사랑은 늘 도망가'의 인기는 2024년 4월 현재도 계속된다. KBS2 주말 드라마 〈신사와 아가씨〉 메인 OST

인 '사랑은 늘 도망가'는 작곡가 한밤Midnight이 새롭게 편곡한 이문세의 발라드 곡으로, 원곡의 느낌을 최대한 유지하면서도 임영웅만의 감성으로 재해석돼, 섬세하고 촉촉한 감성은 물론 어쿠스틱하고 담백한 원곡의 느낌을 최대한 유지했다.

이미 임영웅이 부른 '사랑은 늘 도망가'는 정식 음원 공개에 앞서 드라마에 삽입돼 극의 몰입도를 높인 바 있으며, 배우들의 연기 그리고 상황과 적절하게 조화를 이루며 눈물샘을 자극하거나 진한 여운과 감동을 더했다는 등 시청자들의 긍정적인 관심과 폭발적인 반응 속, 일찌감치 발매 요청이 쇄도하기도 했다.

특히 임영웅의 '사랑은 늘 도망가'는 신창석 감독이 기획 단계부터 리메이크를 염두에 두고 제작된 드라마 전제를 관동하는 메인 테마곡으로, 음원 일부가 공개된 후 '임영웅표 명품 발라드'가 탄생했다는 평도 나왔다.

특히, 2021년 10월 9일과 10일 방송에선 각각 애나킴이일화 분과 아버지 박수철이종원 분의 첫 만남 장면 그리고 박수철의 회상 장면에서 임영웅 노래가 섬세한 감정선을 책임지며 보는 이들의 심금마저 울렸다.

KBS 2TV 주말드라마 〈신사와 아가씨〉는 고지식한 신사 이영국 지현우 분과 당찬 아가씨 박단단 이세희 분이 만나면서 벌어지는 파란만장한 이야기를 담은 드라마였다. 메인 테마곡 '사랑은 늘 도망가'는 이영국과 박단단의 애틋한 장면마다 등장해 시청자들의 몰입도를 높였다.

여주인공이었던 이세희는 한 연예 매체와의 인터뷰에서 "진짜 만능이었다. 우스갯소리로 "조금 부족한 것 같은데."라고 하면 "걱정마. 우리에게는 임영웅 씨가 있어."라고 할 정도였다. 그만큼 든든했다. 노래만 나오면 찰떡같이 감정을 끌어내면서 장면과 균형이 맞더라. 너무 좋았다. 임영웅 씨에게 감사드린다."라면서 "임영웅 씨 목소리에는 굉장한 힘이 있다. 어르신들이 굉장히 좋아하신다. 김영옥 선생님 벨소리도 그 곡이었다."라고 말했다.

부족한 연기마저 임영웅이 끌고 가면 완성도를 맞춰 준다. 이

정도 되면 '사랑은 늘 도망가'가 왜 마성의 노래라고 불리는지 이해가 간다.

'사랑은 늘 도망가'는 발매 후 각종 음원 차트 1위에 올랐다. 또한 임영웅은 '사랑은 늘 도망가'로 데뷔 이후 처음으로 멜론 TOP 100 1위에 오르는 기쁨을 누렸다. 멜론 OST 일간, 주간, 월간 차트에서도 1위를 기록했다. 임영웅의 '사랑은 늘 도망가'는 2023년 금영노래방 OST 연간 차트 1위를 차지하며 여전한 인기를 입증했다.

임영웅의 노래 '우리들의 블루스'는 노래 제목과 동명의 드라마인 tvN 〈우리들의 블루스〉2022에 삽입되면서 OST로도 큰 인기를 끌었다.
임영웅의 '우리들의 블루스'는 2022년 4월 16일 방송된 3화 등에 삽입됐다. 동창 최한수차승원 분에 대한 오해에 괴로워하는 정은희이정은 분와 해외에 있는 아내와 영상 통화하며 더 나은 미래를 약속한 채 눈물을 흘리는 최한수의 모습이 나오는 장면에 흘러나왔다. 짙은 감성이 묻어난 임영웅의 OST는 배우들의 명품 연기와 더해져 극의 몰입도를 배가시키기에 충분했다.

✦

'우리들의 블루스'는 뮤직비디오가 공개 16시간 만에 조회수 100만 뷰를 달성할 정도도 반응이 심상치 않았는데, 노희경 작가의 드라마와 합쳐지면서 힘들고 지친 사람에게 위로의 감성을 전하는 작품의 분위기를 더욱 깊게 만들어 주었다. '폭풍 속에 혼자 남아 헤매도 오 / 길이 되어 지킬게요 그대'라는 가사가 이를 잘 보여 준다.

'우리들의 블루스' OST 원곡자 이승주 PD는 한 영상을 통해 "이 곡은 처음 만들 때 오롯이 피아노와 보컬, 가사, 목소리만으로 감동을 만들자고 얘기하고 스케치를 했다."라면서 "집중도를 높일 수 있게 했고 숨소리도 감정의 일부라고 생각했고 임영웅의 숨소리도 노래 같았다. 감정이 살아나서 너무 좋았고 노래도 너무 좋았다."라고 말하기도 했다.

임영웅의 두 번째 자작곡인 '모래 알갱이'는 서정적인 가사와 함께 임영웅이 직접 분 휘파람 소리가 인상적이다. 이 노래는 영화 〈소풍〉2024의 OST로도 삽입돼, 시너지를 창출했다. 〈소풍〉은 원로 배우 나문희와 김영옥이 주연한 작품으로 노년의 우정과 사랑 그리고 마지막 여정을 그렸다. 한 편의 시가 되는 우정, 어쩌면 마지막 소풍을 시작하는 아름다운 작품이다.

"펑펑 울었네요. 배우 분들 연기력이 정말 뛰어났고, 임영웅 씨 노래도 찰떡이에요." (aoda****)

"나문희, 김영옥 선생님들의 연기는 정말 그 누구도 뭐라할 수가 없다. 앞으로 나는 어떻게 살면 좋을 지에 대해 고민하게 만든다." (byon****)

"이번 설에 시골 안 갈라 했는데 할머니 보고 싶어서 가야겠어요ㅠㅠㅠㅠㅠ 임영웅이 부른 OST까지 있으니 엄마랑 할머니 행복 보장과 그리고 엄마랑 할머니가 행복한 모습을 보는 나까지 행복해지는 영화에요! 완전 추천!" (cn)

"연기자들의 멋진 연기와 연출, 마지막 삽입곡 '모래 알갱이' 모두 감동이었습니다.~ 소풍처럼 한번 왔다가는 인생 멋지게 살아 봅시다.~~" (happ****)

"돌아가신 시부모님, 친정어머니 요양원에 모셨던 게 최선이라 생각했는데 영화 보니 죄스러운 마음이ㅠㅠㅠ 자식들도 같이 보면 좋을 영화였어요. 임영웅 '모래 알갱이' OST는 화룡점정. "네 편이 되어 줄게."라는 대사에 위로 받았습니다." (jsle****)

✦

이상은 영화 〈소풍〉을 본 일부 관람객의 감상평이다. 영화 감상평에 OST를 이렇게 많이 거론하는 것도 처음 본다. 그만큼 임영웅 음악이 감동을 배가시켰기 때문일 것이다.

〈소풍〉은 독립 영화로는 이례적으로 누적 관객 34만 명을 달성한 흥행작이다. 나문희, 김영옥의 따뜻한 인연의 이야기가 화제를 모았고, "다음에 다시 태어나도 네 친구 할 끼야."라는 대사가 발산하는 훈훈한 분위기로 인해 꾸준히 관객의 선택을 받았다. 이런 좋은 성적에는 임영웅의 힘도 크게 작용했음이 관객들의 입소문으로 알려졌다. 게다가 〈소풍〉은 2024년 4월 19일 개막한 제14회 베이징 국제 영화제에 초청되기도 했다.

최근 드라마를 기획하고 있는 제작자들을 취재해 보면, 임영웅이 OST를 불러 주기를 바라는 경우를 자주 보게 된다. 아직 성사가 되지 않은 케이스들이라 구체적으로 밝힐 수는 없지만 임영웅이 OST를 불러 준다면 남주 연기 + 여주 연기 + 임영웅 가창이 어우러져 대단한 효과가 나올 듯싶다. 임영웅은 앞으로 엄청난 'OST 제왕'으로도 군림할 것 같다.

〈미스터트롯〉 감성 장인 임영웅의 힘은 어디서 오나? 그의 부드러운 파괴력

〈미스터트롯〉 임영웅 곡 모음(출처: 미스&미스터트롯)

대한민국 트로트는 2020년 이전과 이후로 구분된다. 2020년은 TV조선에서 〈내일은 미스터트롯이하 미스터트롯〉을 방송한 해다. 2020년을 전후로 대한민국 시장은 완전히 달라졌다. 〈미스터트롯〉으로 트로트는 새롭게 만개했다. 그 중심에 임영웅이 있다.

이렇게 해서 〈미스터트롯〉 때보다 훨씬 더 강한 팬덤이 생겼다. 송가인 1인 팬덤과 달리, 이번에는 임영웅, 이찬원, 정동원, 영탁, 김호중 등 스타급 팬덤이 다양하게 형성됐다.

TV조선 〈미스터트롯〉은 매회 2시간 20분 넘게 방송해도 헐렁한 느낌이 전혀 없이 밀도와 긴장을 유지했다.

형식은 오디션 서바이벌을 취하고 있지만, 참가자들이 잘할 수 있는 것만 고집해 경쟁에서 이기려고만 하는 전략보다는 새로운 노래나 영역에 도전해 자신의 다양한 모습을 보여 주려고 해 보는 사람들은 더욱 재미있어진다.

처음에는 우승 후보들을 한 명으로 꼽기가 힘들 정도였다. 각자의 개성과 색깔에 도전과 변신을 하는 과정에서 감탄사가 나오는 참가자들이 적지 않았다.

그중에서도 '감성 히어로' 임영웅은 '지금은 영웅시대'라는 표현에서 알 수 있듯이 엄청난 인기를 얻고 있었다. 임영웅을 원픽으로 꼽고 있는 여성들이 점점 많아졌다.

임영웅의 인기는 우선 실력에서부터 나왔다. 기본적으로 노래를 잘하지만 경복대학교 실용음악과에서 음악을 전공하며 실력을 갈고 닦았다. 거기에 '가난에도 열심히 살아나가는 삶의 자세와 깔끔한 외모에 훤칠한 키'라는 매력 요인 등이 합쳐져 거대한 팬덤이 형성된 듯하다. 무명 가수 시절 생계 유지를 위해 했던 군고구마 장사와 경연 과정에서 공개한 집 등은 코끝을 찡하게 했다.

임영웅은 2023년 10월 8일 방송된 SBS 〈미운 우리 새끼〉에 스페셜 MC로 등장했다. 임영웅은 어려웠던 무명 시절 이야기를 밝혀 관심을 모았다. 임영웅은 "무명 시절이어서 수입이 일정하지 않았다. 한 달에 행사로 30만 원 벌면 다행이었다."고 밝혔다.

이어 그는 "갑자기 스케줄이 들어오면 해야 하니까 아르바이트를 고정적으로 하기도 어려웠다"라면서 "그래서 겨울에 군고구마도 팔아 보고 음식점 서빙, 공상, 마트, 편의점 아르바이트 등 이것저것 다 해봤다"고 해 母벤저스의 감탄을 자아냈다. 그런 임영웅은 "'성공했구나' 느끼는 순간이 언제냐"는 질문에는 "음식점에 가면 시킨 음식보다 서비스가 더 많이 나온다."고 답하기도 했다.

✦

조금 전에도 밝혔듯이 임영웅의 신드롬은 대부분이 노래에서 나왔다. 임영웅 팬덤은 80% 이상이 〈미스터트롯〉을 하며 새롭게 유입됐다. 조금 더 단순화하면 '바램', '어느 60대 노부부 이야기', '보라빛 엽서', '울면서 후회하네' 등에서 나왔다고 볼 수 있다.

임영웅은 1회에서 발라드 '바램'을 담담하게 불러 호소력을 극대화했다. 고음 지르기와 가성 사용하기 등으로 강렬한 인상을 남기려고 한 게 아니라 오히려 여백을 살리며 편안하게 부르는 데도 시청자의 마음을 움직였다. 역시 나그네의 옷을 벗기는 힘은 강한 바람이 아니라 따스한 햇빛이다. 임영웅의 이런 감성 창법은 '부드러운 파괴력'이라 부를 만하다.

이어 '뽕다발' 팀 에이스로 나온 임영웅은 김광석의 '어느 60대 노부부 이야기'로 자극성 제로의 노래로 승부를 펼쳤다. 점점 더 강한 무대가 아니라 편안한 무대로 관객을 젖어들게 한다. '어느 60대 노부부 이야기'는 임영웅의 독보적 스타일을 확고히 하며 팬덤 확보를 가속화시켰다. 원곡자인 김목경도 임영웅의 음정은 그 어떤 가수보다 돋보였다는 반응을 내놨다.

임영웅은 가창력이 튼튼하게 바탕이 되어 있는데다, 강약을 자유자재로 조절하며 감정을 표현해내, 듣는 사람을 몰입하게 했다. 강렬한 임팩트를 노리는 것과는 거리가 멀다. 어느 순간 먹먹하게 될 정도로 강한 울림과 긴 여운을 남겼다. '감동과 힐링 제조기'로서의 역할을 다했다.

준결승 1라운드에서는 설운도가 작곡한 '보라빛 엽서'를 택했다. 그동안 다소 무게감이 있는 노래들을 불렀던 방식과는 달리, 로맨틱한 노래를 가슴 찡하게 불렀다.

이 가사에서 고교 시절 안타까운 이별을 했던 실제 연애 경험을 떠올려 더욱 리얼한 감성을 만들어 냈다. 그래서인지 첫 소절인 '보라빛 엽서에~'에서 이미 승부가 나는 듯했다.

중반 도입부인 '오늘도 가버린~/당신의 생각엔'에 오면 완벽한 완급 조절을 보였다. 액센트를 찍고 싶은 지점에서 절제력을 발휘할 줄 안다. 그래서 정서의 전달력이 극대화됐다. 이미 관객석을 촉촉히 적셔버린 상황이었다.

마스터 김준수는 "임영웅에게는 감성을 건드리는 힘이 있다. 노력만으로는 안 되는….”이라고 평했다. 임영웅이 감성 제조 능력에 노력까지 하니 그 파워는 엄청날 수밖에 없다.

오디션 서바이벌 프로그램에서는 점점 더 센 노래를 선택해 임팩트를 남기려고 한다. 하지만 임영웅은 노래를 편하고 담백하게 불러 감성과 진정성을 전함으로써 사람들의 마음을 움직인다. 어떤 게 고수인지는 별도의 설명이 필요치 않을 것 같다.

🎤 임영웅, 노래를 주도하는 힘 더 강해졌다

나는 2020년 8월 올림픽공원체조경기장에서 〈내일은 미스터트롯 대국민 감사 콘서트〉를 운 좋게도 무대가 잘 보이는 자리에서 직관했다. 이 콘서트는 코로나 기간이어서 가수들이 무대에 올라올 때마다 관객을 향해 함성 대신 박수로 소통하고, 마스크를 신체의 일부분으로 생각하라고 당부했다.

〈내일은 미스터트롯 대국민 감사 콘서트〉를 보면, 임영웅의 가창과 태도가 한층 더 성숙해졌음을 알 수 있었다. 점점 더 익어가는 거다. 팬의 입장에서 보면 이렇게 성장해 가는 스타를 바라보는 것만큼 뿌듯한 일도 없을 것이다.

이날 콘서트에는 김호중을 제외한 미스터트롯 톱6와 입상자들이 대거 나와 솔로, 듀엣, 트리오, 톱6, 전체 단위로 노래를 불렀다.

〈미스터트롯〉 진眞 임영웅은 '바램', '보라빛 엽서', '일편단심 민들레야', '어느 60대 노부부 이야기', '사랑이 이런 건가요' '배신자' 등을 불렀다.

임영웅이 속삭이듯 말을 건네는 듯 차분하게 부르며 여백의 미를 잘 살리는 건 여전했다. 하지만 한층 더 여유가 있었다. 매순간 긴장해야 하는 오디션 때와는 달라졌다.

그렇게 해서 혼자 노래를 끌고 가는 힘, 주도력이 더 강해졌다. 그가 부드러우면서도 더 강해진 이유다. 임영웅 본인도 이번 콘서트에서 "〈미스터트롯〉을 통해 노래 실력도 좀 더 는 것 같다."고 말했다. 〈미스터트롯〉과 이번 콘서트를 준비하고 실전 무대를 갖는 경험을 통해 한 단계 더 성장한 것이다.

✦

임영웅은 지르지 않는다. 그의 노래에는 절규 톤과 같은 기교, 강-강-강이 없다. 더도 덜도 아닌 딱 그만큼만의 감정을 사용해 노래 효용을 극대화시킨다. 이는 그의 노래가 소통력과 공감력을 높일 수 있는 근거다.

임영웅은 발라드와 스탠다드 팝 등을 두루 소화할 수 있을 정도로 음악적 스펙트럼이 넓다. 트로트 가수로서 임영웅의 다양성이 잘 발휘되는 모습은 지난 경험에서 다져진 '베이스'에서 나온다.

임영웅이 아이돌 느낌이 나는 황윤성과 '데스파시토Despacito'를 선글라스 등으로 멋을 내며 소화한 듀엣 무대는 '별미'였다. 그의 솔로 곡과는 완전히 다른 분위기였다. 임영웅은 푸에르토리코의 가수 루이스 폰시Luis Fonsi처럼 육감적이고 끈적거리는 느낌이 아니라, 지나치게 관능적이지 않으면서도 적당히 맛깔나고 유쾌하게 소화해 내며 중독성을 유발했다. 임영웅-황윤성의 '데스파시토'는 유튜브 조회수도 폭발력을 자랑했다.

임영웅은 예의 겸손함을 잃지 않으면서도 분위기를 띄우는 유

쾌함도 발휘할 줄 알았다. 무대 매너가 좀 더 노련해졌다는 증
거다.

임영웅의 힐링 보이스에 정화되다

- 2022년 'IM HERO' 서울 마지막 공연을 본 소감

부럽다고 난리 난 임영웅
콘서트(출처: OBS뉴스)

임영웅 공연은 한마디로 엄청나다. 오프라인은 물론이고 온라인도 열기와 진심이 제대로 전해진다.

임영웅의 'IM HERO' 서울 공연 세 번째이자 전국 투어 마지막 공연이 지난 2022년 8월 14일 오후 5시 서울 올림픽체조경기장에서 열렸다. 지난 101일 동안의 전국 7개 도시 투어 'IM HERO 아임 히어로'의 피날레였다.

티빙과 인터파크 공연 플랫폼을 통해 생중계 스트리밍 되기도 했다. 온라인에서는 현장의 뜨거운 열기가 고스란히 전해지기 힘들지만, 임영웅 공연은 달랐다. 온라인으로 관람했음에도 임영웅이 뿜어내는 땀과 열기, 감성이 그대로 전해졌다. 역시 어디서나 통할 수 있는 '감성 장인'이었다.

이날 공연에서 임영웅은 오프닝 곡 '보금자리'부터 엔딩 곡 '인생 찬가'까지 실력을 유감없이 보여 주었다. 음악에서 거대한 팬덤이 생겼음을 알게 해주는 증거였다. 목소리도 최적의 상태였다. 프로페셔널다웠다. 곡마다 성대를 교체해서 나왔는지 묻고 싶을 정로로 보이스, 톤이 좋았다.

임영웅의 공연을 보면서 임영웅의 강점과 차별점 몇 가지가 여전히 머릿속을 차지하고 있다. 첫째, 노래 가사 하나하나의 전달력이 최고라는 점이다. 일부러 엄숙하게 부르지 않고, 자연스러운 발성으로 노래를 부르는데 가사 내용이 귀에 착착 꽂힌다. 이는 여백을 활용하는 '덜어내기 가창'에서는 더욱더 큰 힘을 발휘한다. 임영웅이 KBS2 주말 드라마 〈신사와 아가씨〉의 '사랑은 늘 도망가' 등 OST 킹이 된 이유이기도 하다.

그래서 과장과 기교 없이 부르는 '바램'과 어쿠스틱 기타 반주

만으로 부르는 '연애편지'는 물론이고, 1집 수록곡 '무지개'의 가사와 감성까지 오롯이 전해졌다. '무지개'의 가사가 "오늘 하루 어땠었나요? 많이 힘들었나요. /(중략) 까만 선글라스 하나 챙겨서 떠나 볼까요."로 돼 있는지를 이번에 알았다.

'아버지'를 들을 때는 울컥해진다. 임영웅이 어릴 때 고인이 되신 임영웅 아버지와 어머니, 어린 영웅이 한 사진에 담겨 있는 사진을 보니 더욱 더 그러하다. '곱고 희던 그 손으로'로 영롱하게 시작하는 '어느 60대 노부부 이야기'를 들을 때는 눈시울이 젖어든다. 임영웅의 휘파람 소리까지 합쳐져 노래가 주는 힘을 더욱 극대화시킨다.

시간의 흐름에 따라 인생의 흐름에 따라 자연스럽게 노래가 나오고 무대의 진행 또한 자연스럽다. 역시 1집 수록곡으로 싱어송라이터 니브Nive이자 153줌바스뮤직그룹 소속 작곡가인 박지수가 작사·작곡한 '사랑해 진짜'도 임영웅의 감정이 잘 들어간 가사 전달력으로 고백 같은, 달콤하고 러블리한 노래로 자리잡는다.

둘째, 임영웅은 트로트와 발라드, 댄스, 팝, 힙합, 랩까지 다양한 장르를 소화했을 뿐만 아니라 진지함과 유쾌함, 거기에 유머 감각까지 자유자재로 넘나드는 내공과 열정을 보여 주었다. '영광'이라는 부캐를 제외하면 게스트 없이 혼자 모든 걸 이끌어나가면서도 3시간 10분의 시간이 금세 가버렸다.

수만 명이 보고 있고, 그보다 훨씬 많은 사람들이 온라인으로 보고 있는 공연에서 3시간을 혼자 끌고 간다는 건 아티스트라 해도 쉬운 일이 아니다. 자작곡과 히트곡이 있어야 하고 토크 실력에 개인기까지 있어야 하고 관객과 소통을 부드럽게 이어 갈 수 있는 재능을 지녀야 한다.

임영웅은 진행과 가창, 춤을 모두 해내고 세션을 소개할 때는 자신이 좋아하는 축구 포지션으로 비유해 재미를 더했다. 물론 임영웅은 결정적 찬스를 놓치지 않고 골을 넣는 '스트라이커'다.

셋째, 임영웅은 여느 공연에서 볼 수 없는 엔터테이너적 볼거리를 선사했다. 그 첫 번째가 VCR로 상영돼 재미를 더한 조선

로맨스 사극이다. 여기서 임영웅은 수염을 달고 곤룡포를 입은 조선의 왕이 되어, 반란군에 의해 죽임을 당한 중전의 복수에 나선다.

임영웅이 연기는 또 언제 배웠을까? 필자가 보기에, 기본적으로 발성이 좋으니 연기에도 재능이 있는 것 같다. 왕이 직접 무술 실력을 보여 주는 건 흔치 않다. 임영웅은 반란군 수장^{한정수}을 쓰러뜨리며 새로운 세상을 여는데, 그 곳이 바로 아비안도^{我備安都}다. 임영웅은 푸른 도포를 입고 '아비앙또^{A bientot}'를 부르며 힙합, 랩까지 소화하며 새로움을 선보였다.

임영웅은 왕다운 톤을 내기 위해 연습을 많이 했다고 한다. 영화 〈광해〉 대사를 따라해 보기도 했다. "적당히들 하시오.", "대체 이 나라는 누구의 나라요?^{이때 관객 대부분의 답변 '임영웅 나라요'}", "고맙소!^{이에 대한 임영웅의 마무리}", 이런 식으로 무대가 흘러가니 다소 오글거릴지 몰라도 재미가 없을 수가 없다.

이와 함께 자신의 부캐인 '임영광'이 입대를 앞두고 있어 임영웅-임영광의 듀엣 무대 '이등병의 편지^{김광석}'를 선보인 것도

✦

자칫 지루해질 수 있는 공연을 재밌게 만들어 준 활력소였다. 공연 기술팀에서 알바로 일했던 부캐 '임영광'이 말하는 톤은 '임영웅'과 똑같았다.

넷째. 임영웅은 엔딩 요정이라는 점이다. 노래가 끝날 때마다 표정을 다양화하며 표정 천재 면모를 보여 주었다. '무지개'에서는 뮤지컬 배우처럼 댄스 실력을 뽐내며 멋진 엔딩 포즈를 잡았다. 그는 다음 앨범의 타이틀곡으로 댄스곡이 어떨까 하고 생각만 해봤다고 했다. '머나먼 고향'이 끝나고 보여준 엔딩 포즈는 너무 웃겼다. 이처럼 그는 만능 엔터테이너로서의 재능을 보여 주었다.

임영웅은 관객과의 소통을 가장 중요하게 생각했다. 팬덤인 '영웅시대'에 대한 사랑과 고마움을 거듭 상소했다. 노래를 부르다 땀을 계속 흘리면서도 수시로 관객석으로 내려와 관객과 눈을 맞추고 전생에 나라를 구한 '영시'와 손까지 잡았다.

임영웅 콘서트에는 8살부터 102세까지 관객으로 온다. 모든 나이대가 다 있다. 10대~90대는 항상 관객석에 자리를 잡는다.

✦

힘들어도 '영웅'님 덕분에 마음이 풍성해지기에 공연장을 찾을 수밖에 없다. 임영웅은 "이런 콘서트가 있을까요? 제가 자부심을 갖게 되는 부분입니다."라고 말했다. 온라인은 여러 나라에서 접속해 임영웅과 함께 했다. 새벽 4시에 보고 있다는 외국 거주 관객도 있었다.

임영웅은 트로트를 좀 더 넓게 해석했을 뿐만 아니라 트로트를 고급지게 불렀다. 그는 구세대의 트로트에 바탕한 '한恨'과 젊은 세대의 네오 트로트에 담긴 '흥興'이라는 이분법적 구분을 뛰어넘어 어느 세대에게나 통할 만한 무드정조를 만들어 냈다.

임영웅은 "영웅시대 여러분과 인생과 삶을 노래할 수 있어 행복합니다. 앞으로도 여러분과 함께 하겠습니다."면서 "제가 좀 더 큰 우주가 돼야겠습니다. 여러분을 다 품기엔 모자랍니다."라고 마무리 인사를 했다.

마지막 곡으로 이적이 작사·작곡한 타이틀곡 '다시 만날 수 있을까'를 부르고 다시 만날 때까지 '건행건강하고 행복하라는 뜻의 임영웅 팬덤 인사'을 약속했다. 연보라색 의상에 귀여운 반바지를 입고 다시 나타난 임영웅은 앙코르 곡으로는 '파도', '슬퍼지려 하기 전에', '바다의 왕자', '천생연분' 등 댄스 메들리로 흥을 돋우었고, 앙코르의 대미는 '인생찬가'를 불러 영웅시대의 삶을 위로하며 안녕을 고했다.

임영웅은 연말 깜짝 선물을 남기기도 했다. 2022년 12월 '아임 히어로' 앙코르 콘서트를 부산 벡스코2022년 12월 2~4일와 서울 고척 스카이돔2022년 12월 10~11일에서 연다는 사실을 고지했다. 임영웅이 체조경기장에서 고척돔으로 간다는 것은 최고의 가수가 됐음을 의미한다.

'영시영웅시대'중 누군가가 게시판에 글을 남겼다. "연말 피케팅 성공 백일기도 들어감." 나도 다음 번 임영웅 공연은 무조건 '직관'일 수밖에 없다.

✦

영리한 가수,
여백 있는 노래에 특히 강해

- 작곡가 조영수가 바라보는 임영웅

'이젠 나만 믿어요' 임영웅
풀 버전(출처: 미스&미스터
트롯)

발라드·R&B·댄스·트로트 등 다양한 장르에서 히트곡을 만들어 내는 인기 작곡가이자 프로듀서로 유명한 조영수는 TV조선 〈내일은 미스터트롯〉의 중심을 잘 잡아준 사람이다.

2020년 3월 〈미스터트롯〉이 종영하고 그의 사무실을 찾은 적이 있는데, 실제 만나 보니 첫인상은 기자의 주관적인 느낌일 수도 있지만, '귀여운 느낌'이었다.

그는 〈미스터트롯〉에서 진眞을 차지한 임영웅을 자세히 관찰

했다. 본선 이전에 실시된 100명의 예선에서 임영웅이 노사연의 '바램'을 부를 때부터 놀랐다고 했다.

"임영웅은 발라드만 부르는 가수보다 더 감성적이었다. 그리고 강한 울림과 긴 여운을 남긴 '어느 60대 노부부 이야기'를 부를 때는 '정말 잘 하구나' 하고 느꼈다. 이어 가슴 찡하게 소화해 낸 '보라빛 엽서'를 부를 때는 '자신감이 생겼구나' 하는 게 느껴졌다. 어떤 부분에서 사람들이 좋아할지를 아는 것 같았다. 마치 원로 가수가 부를 때 나오는 여유 같은 게 느껴질 정도였다. 똑똑한 친구다."

조영수는 임영웅에게 우승자 특전곡인 신곡 '이제 나만 믿어요'를 만들어 주었다. 2020년 3월 26일 〈미스터트롯의 맛〉을 통해 공개된 이 노래는 발라드 느낌이 많이 나는 트로트다. 트로트라기보다는 발라드다. 조영수는 임영웅에게 이런 노래를 준 이유를 다음과 같이 설명했다.

"〈미스터트롯〉에서 임영웅이 주로 불렀던 스타일을 대중들이 지겹다고 하는 것도 아니고, 임영웅을 대중에게 알린 첫 순간

✦

인데 아직은 영웅이가 제일 잘하는 걸 보여 줘야 한다고 생각한다. 그래서 임영웅의 색깔은 이런 거라는 걸 더 많이 보여 줘야 한다. 〈미스터트롯〉에서는 자신의 노래로 띄운 게 아니다. '아직은 자신이 잘하는 걸 더 보여 줘'라고 하는 게 형으로서 하고 싶은 진심 어린 조언이었다."

조영수는 "경연이 끝난 순간 이제 신인 가수로 진짜 기성 가수들과 경쟁하며 더욱 혹독하게 평가받게 된다. 여기서 살아남으려면 승부를 봐야 한다. 그래서 임영웅이 가장 잘할 만한 곡으로 썼다."라고 전했다.

"영웅이는 어떤 소리를 내고 어떤 호흡을 했을 때 사람들이 잘 반응하는지를 알고 있는 영리한 가수다. '보라빛 엽서'는 경연에서 위험할 수도 있지만, 이야기하는 듯한 가사 전달 능력이 탁월한 임영웅이 하면 된다. 아직은 음악적 변신을 할 때는 아니라고 생각한다."

조영수는 "임영웅이 결승 1라운드에서 복싱 글러브를 끼고 '두 주먹'을 부른 것은 의외였다. 빠른 템포에 여백이 없는 노래다.

임영웅은 여백이 있는 노래에 특히 강하다. 쉬지 않고 달리는 데에는 자신의 특성이 잘 안 나온다."면서 "물론 새로운 모습을 보여 주려고 그랬을 것으로 해석한다."고 설명했다.

이어 조영수는 "〈미스트롯〉을 할 때는 누가 우승할지를 모르는 상태에서 미리 곡을 써놓아 가수에 100% 맞는 곡이라 할 수 없었다. 그래서 이번에는 우승자가 결정되면 곡을 쓰려고 했다."면서 "종반으로 접어들면서 4명의 우승 후보에 맞는 각각의 분위기를 구상하고 있다가, 결승자가 결정되고 임영웅에게 맞는 노래를 썼다. 작사가인 김이나 씨도 이틀 동안 필feel을 받아 썼는데, 각 구절이 마음에 든다."고 전했다.

'이제 나만 믿어요'의 가사는 임영웅의 주력 팬층인 40~50대 여성들이 공감할 만한 취향이 반영돼 있고, 조영수가 만드는 이 노래의 멜로디는 트로트에 20, 30대 팬들을 확장할 수 있는 발라드팝 느낌이 더해졌다. 나도 이 노래를 듣는 여성 팬들은 고생한 걸 위로받을 거라고 생각한 적이 있다.

"이 세상이 우리를 두고 오랜 장난을 했고/우린 속지 않은 거죠

+

이젠 울지 마요/좋을 땐 밤새도록 맘껏 웃어요/전부 그대 거니까 그대는 걱정 말아요/이젠 나만 믿어요" -'이제 나만 믿어요' 마지막 구절

참고로 〈미스터트롯〉의 마스터로 공정한 심사를 했다는 조영수가 2위인 영탁과 3위 이찬원에 대해서도 관찰기를 내놓은 것을 보면 역시 핵심을 찌른다는 말밖에 할 수 없을 것 같다. 조영수는 〈미스터트롯〉 선善인 영탁에 대해서는 편곡자 마인드가 강하다고 했다.

"영탁은 노래를 그냥 부르지 않는다. 편곡, 힘 조절을 잘 알고 부른다. 이 부분에서는 터뜨리고, 이 부분은 악기 소리를 다 빼고, 그런 걸 잘 알더라. 편곡을 한 상태에서 자신의 목소리로 표현했을 때 어떻게 나올지를 알고 있다. 그러니 그 친구가 가진 보컬보다 더 좋은 능력이 나온다. 자신이 잘할 수 있는 것도 중요하지만 사람들이 뭘 좋아하는지를 아는 것도 중요하다. 영탁은 사람들이 자신에게서 원하는 것과 선곡, 음악성, 이 세 가지를 잘 감안해 노래를 부른다. '막걸리 한잔'도 딱 목소리부터 나온다."

✦

조용수 작곡가는 〈미스터트롯〉 미美인 이찬원에 대해서도 칭찬을 아끼지 않았다.

"이찬원은 에너지가 너무 좋다, 손짓 하나, 손가락 하나하나를 보면, 그 나이에 나올 수 없은 걸 연마해 통달시켰다. 어릴 때부터 할아버지와 아버지로 이어지는 3대의 영향이다. 이찬원은 투박한데, 섬세함을 갖추고 있다. 전체적으로 투박하지만 연구를 많이 한 게 보인다. 탄탄한 개인기까지 갖추고 있다. 다른 출연자들에 비해 기복도 없을 것 같다. 컨디션의 영향을 덜 받는다. 자기 색깔이 확실하다. 보는 사람이 불안하지 않다는 것도 이찬원의 장점이다."

2

임영웅 신드롬을
탄생시킨 〈미스터트롯〉

⟨미스터트롯⟩에서
조영수 작곡가의 중요한 역할

작곡가 조영수가 임영웅을
보고 감탄했던 진짜 이유?
(출처: 웅뉴스)

작곡가이자 프로듀서인 조영수는 임영웅의 오늘날을 만든 TV조선의 ⟨내일은 미스터 트롯⟩의 심사위원마스터을 통해 시청자들로부터 좋은 반응을 얻었다. 냉철하면서도 전문적인 식견을 갖춘 것은 물론이고 진실되고 따뜻한 심사를 해줘 폭넓은 공감을 이끌어냈다. 13명의 마스터 군단 중 유일한 작곡가로서 심사의 무게중심을 잘 잡아나갔다.

조영수 작곡가는 지난 20년간 SG워너비의 '라라라', 이승철 '그런 사람 또 없습니다', 홍진영 '사랑의 배터리', 유산슬유재석의

'사랑의 재개발'을 포함해 무려 600곡이 넘는 노래를 작곡한 히트곡 메이커다. 장르도 한 곳에 치우치지 않고 발라드·R&B·댄스·트로트 등 다양한 곡을 만들고 있다. 2020년 4월 〈미스터트롯〉이 종영한 후 인터뷰를 위해 그를 실제 만나봤더니, 약간 쑥스러워하는 표정이 오히려 매력 있게 느껴졌다.

조영수 작곡가는 그동안 음악 예능에 섭외를 많이 받았지만, 재미가 없는 사람이라 민폐가 될 것 같아 오디션 프로그램 심사 제의를 매번 거절했다고 한다. 자신 때문에 채널을 돌릴 것이라고 생각해 이번에도 도망다녔다는 것.

"그런데 서혜진 PD가 찾아왔다. 영수 씨에게 바란 게 그런 게 아니라면서. 오히려 분위기를 띄우려고 하면 안 된다고 했다. 예전에는 유머가 없고 재미없는 사람이라고 하면 됐는데, 이번에는 거절할 명분이 없었다. 다행히 반응이 좋은 것 같아 기분이 좋다. 지금까지 작곡가들은 달변이거나 지식을 뽐내는 스타일이 많았다면 나는 그런 스타일과는 달라 오히려 신선하게 보여진 면도 있었던 것 같다. 그때 자신감을 얻었다."

조영수 작곡가는 낯을 가리는 성격에 겁도 많고, 상처를 주는 것도, 받는 것도 싫어하는 성격이라고 한다. 작곡가를 섭외할 때 독하게 해달라고 할 수도 있지만 그는 독설을 할 수 없었다.

"방송 울렁증도 있다. 카메라 앞에서는 어색하고 집중이 잘 안 된다. 그런데 〈미스터트롯〉 할 때는 하나도 안 떨었다. 참가자는 녹음실 부스 안에 들어가 있는 가수이고, 나는 가수의 디렉터라고 생각하니 마음이 편해졌다. 작곡가가 디렉팅할 때처럼 그대로 했다. 이때 툭툭 던지는 건 녹음실 상황 그대로 한 거라 나도 잘 모른다. 임영웅이 '어느 60대 노부부 이야기'의 첫 소절 '곱고 희던 그 손으로'를 부를 때 '곱에서 다 끝났다'라고 한 건 나도 모르게 나온 말이다. 만약 콘셉트를 정하고 생각을 많이 하고 말했다면 어색했을 것이다."

이 같은 조영수 작곡가의 여린 성정은 남을 거침없이 비판하게 어렵게 한다. 남을 비판해도 기분 나쁘지 않게 한다. 비판받는 사람이 자신을 인정하게 만든다. 그만큼 그의 심사는 설득력을 갖췄다는 말이다. 그가 얼마나 〈미스터트롯〉 심사를 꼼꼼하게 했는지는 열심히 본 시청자라면 다 안다. 심사의 책임감, 의무감을 느낀 듯했다.

"〈미스터트롯〉은 음악 프로이자 예능 프로다. 작곡가는 나 한 명인데, 내가 음악적으로 잘못 판단해 버리면 안 된다. 분위기가 예능으로 가고, 신나는 분위기일수록 나는 귀를 쫑긋 세우고 들어야 한다. 음악이 잘 안 들리면, 몸을 앞으로 움직여 좀 더 잘 듣고자 했다. 그렇게 해서 음악적으로 실수하지 않으려 했다. 공연을 많이 한 가수는 현장감이 강하다. 방송에서는 정제된 소리가 좋을 수 있다. 그래서 마스터가 혹평했는데 시청자가 듣기에는 의문을 표시할 수 있다. 현장과 TV 앞 분위기는 조금 다를 수 있다. 경연 무대는 매번 무대가 바뀌지만, 공연은 가수에 음향 상태를 최대한 맞추기 때문에 생기는 차이일 수 있다."

자연스럽게 〈미스터트롯〉의 인기에 대한 이야기로 옮겨갔다. 그는 〈미스트롯〉보다 잘 될 것이라는 믿음이 있었다고 했다.

"아이돌도 남성보다 여성의 팬심이 더 세다. 그래서 남자 편이 더 잘 될 것이라고 생각을 했는데, 뚜껑을 열어 보니 상향 평준화됐다. 과거에는 종반에 오면 우승자와 2~3위의 예상이 쉬웠는데, 〈미스터트롯〉은 5명이 조금씩 바뀌어 갔다. 곡 선정에 따라, 또 현장이 조금만 달라져도 변수가 생겼다. 우승자에게 주는 곡을 미리 쓰지 못했던 것도 우승자를 예측하기 힘들어서다."

조영수 작곡가는 마스터들이 마지막 회 결승전에서 실시간 투표 집계를 발표하지 못한 이유가 예측하기 힘든 참가자가 우승함으로써, 이변이 발생했기 때문이라고 생각했다고 했다. 그래서 바로 발표를 못 하는구나 하고 생각했다는 것. 사고라고는 생각하지 못했다. 그 정도로 각축이 치열했다는 것이다.

조 작곡가는 특히 임영웅, 이찬원, 영탁 세 명의 판도는 예상하지 못했다는 것이다. 각자의 팬들까지 가세해 서로 경쟁하는 완전 아이돌 시스템이었다. 가족끼리도 '픽'이 갈렸다.

조 작곡가는 진선미眞善美에 대해서도 한마디씩 했다. "임영웅은 발라드만 부르는 여느 가수들보다 훨씬 더 감성적이다. 영웅이는 어떤 소리를 내고 어떤 호흡을 했을때 사람들이 잘 반응하는지를 알고 있는 영리한 가수다. 영웅이는 내가 곡을 쓰고 김이나 씨가 가사를 쓴 신곡 '이제 나만 믿어요'도 마치 이야기하는 듯 가사를 전달하며 최대한 잘 소화해 냈다.

영탁은 노래를 그냥 부르지 않는다. 편곡과 힘 조절을 잘 알고 불러 자신의 능력 이상을 보여 준다. 이찬원은 에너지가 너무 좋다. 자기 색깔이 확실해 보는 사람이 불안하지 않다."

그는 "제 사무실넥스타엔터테인먼트 앞에 엄마 팬들이 앉아 계신다. 혹시 임영웅이 올까 봐, 여기 와서 노래 연습하고 녹음하지 않을까 해서다. 특A급 아이돌한테만 있는 현상이다."라고 전해 주었다.

조영수 작곡가는 소속사인 넥스타엔터테인먼트에 국악인인 강태관을 영입했다. 탑7에 들지는 않았지만 트로트의 다양성과 가능성을 보고 계약하게 됐다.

"강태관이 '대전 블루스'를 부를 때 나와 장윤정이 좋다고 했다. 완벽하지는 않지만 미묘한 감정을 건드리는 데가 있었다. '한오백년' 때는 많은 사람이 좋아해 주셨다. 강태관은 트로트를 불러 본 친구가 아니다. 전주대사습놀이 전국 대회 판소리

일반부 장원 출신이다. 출연도 제작진의 제의에 의해 이뤄졌다. 트로트를 오래 불렀다면 계약하지 않았을 것이다. 강태관의 발전 가능성은 무궁무진하다. 잘 프로듀싱하겠다."

연세대 생명공학과에 다녔던 조영수 작곡가는 1996년 MBC 대학가요제에 남녀 4중창단 그룹 '열두 번째 테라' 멤버로 나가 대상을 받았다. 보컬리스트였다. 하지만 본격적인 작곡가의 길은 2003년 제대 후 유명 작곡가 박근태를 만나면서부터다.

"(박)근태 형이 제 노래를 듣자마자 나랑 같이 하자고 했다. 작곡과 편곡을 나에게 연습시키면서 바로 공동 작곡을 제의했다. 2004년 서울가요대상을 받은 신화의 7집 〈브랜드 뉴〉는 근태 형이 작곡하면서 특정 부분을 나에게 써보라고 해 공동 작곡이 됐다. 남들은 연습할 때 나는 대형 가수의 곡을 쓰면서 시작했다. 운이 좋았다."

조영수 작곡가는 운이 좋았다고 했지만 결국 실력이었다. 작곡가로 데뷔하자 마자, SG워너비의 '사랑하길 정말 잘했어요', V.O.S의 '눈을 보고 말해요', KCM의 '흑백사진' 등을 잇따라 작곡하며 명성을 얻었다. 제작자들의 곡 의뢰가 쏟아지기 시작했다.

조 작곡가는 "특히 미디엄 템포 발라드에 강하지 않았냐"는 질문에 "나는 미디엄 템포가 싫었지만 제작자는 원했다. 개인적으로 '사랑의 배터리 홍진영'와 '마법소녀 오렌지 카라멜'를 더 좋아했다. 두 곡 다 씨야를 위한 곡이었지만 하나는 트로트 가수가, 또 하나는 아이돌이 불러 잘 됐다."라고 말했다.

그는 넥스타엔터테인먼트의 프로듀서로 소속 가수의 기획과 제작도 함께 하고 있다. 작곡가가 가수의 제작을 맡으면 망한다는 속설이 있었지만, 마마무의 제작자인 작곡가 김도훈, 성시경을 제작했던 작곡가 황세준의 예를 보면서 작곡가 조영수도 제작에 동참했다. 그는 요즘 작곡가로서, 뮤직 비지니스맨으로서 약간 고무돼 있다.

"저희 가수가 메인이 된 적이 없었다. 케이시가 이번에 잘해주었고 강태관과 계약했다. 이제 시작이다. 가능성 있는 친구를 계속 영입할 계획이다. 아이돌보다는 트로트, 발라드, 알앤비,

보컬 그룹이 많이 생겼으면 한다. 내가 심사위원으로 있는 서울가요대상에서 케이시가 신인상을 받는 걸 보면서 행복하고 뿌듯했다.”

조영수 작곡가는 저작권료 1위를 휩쓸던 2015년 어머니, 그 이듬해 아버지에게 큰 병이 오면서 자신도 공황장애를 겪는 등 위기를 맞기도 했지만, 기적적으로 부모님이 완쾌했고, 자신도 건강을 되찾았다.

“2016년부터 3년간 하늘이 날 테스트한 거라고 생각한다. 건강이 제일 소중한 걸 느꼈다. 지금은 여자친구가 없지만 좋은 사람을 만났으면 한다.”

서혜진 국장이 바라보는 〈미스터트롯〉의 히트 비결

임영웅이 부른 '보라빛 엽서'(출처: TV조선 JOY)

임영웅은 2020년 〈미스터트롯〉 이전에도 가수였지만 〈미스터트롯〉 이전과 이후는 확연히 달라졌다. 임영웅이라는 대스타를 배출한 〈미스터트롯〉은 서혜진 PD-노윤 작가 팀이 만들었다.

나는 운좋게도 서혜진 PD와 노윤 작가를 인터뷰할 수 있었다. 서혜진 PD는 3차례 인터뷰 했다. 〈미스터트롯〉, 〈불타는 트롯맨〉, 〈현역가왕〉을 할 때마다 만났다. 그의 이야기는 국내 트로트 시장의 트렌드와 트로트 가수들의 성장, 팬덤 등과 관련

해 중요한 시사점을 제공했다.

첫 번째 인터뷰는 TV조선 〈미스터트롯〉을 크게 히트시킨 직후인 2020년 3월 하순 만났다.

트로트 오디션 프로그램인 〈미스터트롯〉 기획자인 TV조선 제작본부 서혜진 국장팀장은 훨씬 여유가 있어 보였다. 지난 2020년 3월 12일 종편 사상 최고 시청률인 35.7%를 기록하며 종영한 프로그램의 선장이다. 이 기록은 당분간 깨지지 않을 것으로 보인다. 서 국장은 방송가에서 추진력이 강한 연출자, 시청률을 내는 연출자로 이름나 있다.

"시청률이 27%가 나오고 바로 30%대로 올랐다. 어디까지 가지? 좋으면서도 무서웠다. 부담도 많았다. 누구를 밀어주냐는 말까지 나왔다. 공정에 대해 더 많은 신경을 썼다."

서 국장은 "방송은 끝나고 나면 털고 바로 돌아선다. 그런데 〈미스터트롯〉은 이야기도 많고, 이분들이 활동하는 것도 여전히 관심거리다."고 했다. 서 국장에게 〈미스터트롯〉의 기획 배경에 대해 물어 봤다.

"남자 트로트는 태진아, 송대관, 설운도의 레전드 시대가 오래
됐다. 적체 아닌 적체다. 그런데 새로운 젊은 남자 가수들이 의
외로 댄스 트로트로 활동을 많이 하고 있었다. 이 점은 〈미스터
트롯〉을 하면서 확실하게 알게 됐다. 임영웅도 발라드를 부
르면 잘 안되고 트로트를 하면 잘한다고 했다. 그들은 장場이 없
을 뿐이지, 지방을 돌며 활동하고 있었다. 그래서 남자편을 하
면 다양한 트로트, 다양한 퍼포먼스를 보여 주리라 생각했다."

이어 자연히 성공 비결, 인기 요인에 대한 질문으로 옮겨갔다.

"〈미스터트롯〉은 남자 특유의 경쟁 의식이 반영돼 있다. 경쟁을
하지만 경쟁을 창피하게 여기는 점도 있었다. 〈미스트롯〉의 여
성들은 텐션이 강한데, 남자는 그런 것보다 '으샤으샤'하는 분
위기였다. 남자는 '내가 센 놈과 붙으면 뭔가 인정받을 것'이라
는, 그 허세가 불가능한 매치를 탄생시켰고 프로그램을 살렸다.
팀 분위기가 좋아지고 브로맨스도 나왔다."

아닌 게 아니라 류지광은 임영웅을 데스매치 상대로 지목했고, 김수찬도 임영웅을 지목했다. 신인선은 2위였던 영탁을 지명했다.

서혜진 국장은 볼거리도 한몫했다고 했다. "본인들이 퍼포먼스 아이디어를 낸다. 남자 특유의 '무데뽀^{막무가내}' 도전 정신이 있다. 봉춤은 단시일에 숙련이 되지 않는데, 끝내 해내더라. 퍼포먼스의 끝판왕이었다."

서 국장은 "〈미스터트롯〉은 '쇼'다. 보여 주는 걸 배제하고 방송할 수 없다. 우리의 지향점도 트로트를 다양하게 보여 주는 게 핵심이었다. 그게 기획 의도에 맞다고 생각한다. 물론 비판적으로 보시는 분도 있었지만 비판을 우리 철학으로 수용했다."고 전했다.

서 국장은 〈미스터트롯〉이 〈미스트롯〉보다 잘 될 것이라고 말한 것은 일종의 자기 암시였다."면서 "하지만 팬덤이 안 붙으면 망할 것이라고 생각했다. 국민의 반은 잃고 가는 게 아닌가? 팬덤을 끌고 가는 게 관건이라고 생각했는데, 예상보다 팬덤이

✦

빨리 붙었다."고 설명했다.

"SNS 등에 〈미스터트롯〉의 화제성 '짤'들이 올라올 수 있을까를 고민했다. 이번에는 무수한 그림과 이야기가 올라와 자기들끼리 커뮤니케이션했다. 녹화장에 관객으로 오신 분들의 연령층이 낮아졌다. 외연이 확장되고 다양성에 기여했다고 자부한다."

유치한 자막도 인기 비결이 됐느냐고 물어봤다. 이에 대해 서국장은 "자막에 대한 칭찬을 많이 들었다."면서 "SNS에서 팬들이 쓴 얘기를 많이 가져다 썼다. '갓찬또', '영웅이 영웅했다' 등이 그런 거다. SNS 캐릭터라이징이다. 팬들의 느낌을 반영하면서, 우리가 다양하게 소통한다는 사인이었다. 남자들은 오글거릴 수 있다. 그걸 쓴 사람은 여자 PD다."고 답했다. 이어 "하지만 아무리 우리가 '트로트 코인'의 길을 열어도 퀄리티가 보장돼야 성공한다."고 덧붙였다.

서 국장은 참가자 외에 MC 김성주와 마스터 장윤정의 역할에 대해서도 고마움을 표했다. 우성주-좌윤정이라고까지 했다.

✦

"김성주는 프런트에서 진행했다. 결승 결과 발표를 못할 때 발군의 실력으로 막아 내고, 우리가 잘하겠다는 다짐까지 대신해 줬다. 장윤정은 하나하나의 멘트를 신경 쓰며 감성적인 멘트를 해 편집하지 않고 최대한 살렸다. 정동원에게 '할아버지가 돌아가신 마음을 대중의 사랑으로 극복해 나갔으면 한다.'고 한 말은 장윤정만이 할 수 있는 주옥같은 멘트다. 사람마다 애정으로 멘트를 치는 감성은 장윤정을 따라갈 수 없다."

서 국장은 기술적인 바로미터 역할을 한 조영수 마스터의 역할도 컸다고 했다. "음정이 안맞을 때는 조영수의 표정을 보면 된다. 재밌을 때는 환하게 웃지는 못하는데 하하하 하는 표정이다. 그의 얼굴은 리트머스이고, 기술적인 바로미터다. 임영웅이 '어느 60대 노부부 이야기'를 부르면서 '곱고 희던 그 손으로'로 시작하자마자 '곱'이 다했다고 하지 않았나."

서 국장은 "임영웅과 영탁은 절대강자였고, 실력 있는 참가자가 많은 신동부에 있던 이찬원은 잘 몰랐다. 이찬원은 순진한 것 같은데 노래는 장인처럼 잘 부른다. 이찬원은 대중, 팬덤과 케미가 잘 맞았다. 정동원은 어리지만 좋은 의미의 경쟁심, 승부욕이 강했다. 자신의 조組 대표인 김호중이 부담을 가져 약간 실수하자 얼굴이 사색이 되더라. 장민호가 1등으로 치고 올라가 담당 작가를 만나자 울고 있는데, 정동원이 "뒤에 영탁, 영웅이 형이 있어."라고 말한다. 동원이는 냉정하다. 애기 눈이라 사정을 봐주지 않는다. 동원이는 백스테이지 심사위원이다. 명확하다."고 말했다.

마지막으로 서 국장은 "젊은 사람들이 트로트를 듣는다. 전율을 느꼈다. 고맙기도 하다. 트로트 시장이 취약한데, 시장의 외연을 확장시켰다는 자부심이 있다."면서 "다음에는 남자를 할지, 여자를 할지 고민이다. 다다음 달부터 세팅해야 한다."고 말했다.

🎙️ **서혜진 "또 하냐구요?**
이번엔 트로트의 두 번째 세대 교체 이뤄질 것"

두 번째 인터뷰는 서혜진 PD가 TV조선을 퇴사하고 스튜디오를 설립한 후 제작에 들어간 MBN 〈불타는 트롯맨〉 방송 직진인 2022년 12월 중순에 이뤄졌다.

✦

TV조선 〈미스트롯〉, 〈미스터트롯〉의 서혜진 PD가 TV조선을 나와 스튜디오 '크레아 스튜디오'를 설립했다. 그리고 MBN의 〈불타는 트롯맨〉을 제작한다. 2022년 12월 20일 첫방송을 앞두고 서혜진 PD 겸 크레아스튜디오 대표가 같은 회사 후배인 이상혁 PD와 함께 인터뷰 자리에 나타났다. 서혜진 대표를 보자마자 서병기 기자는 "또 트로트 오디션인가?"하고 물었다.

"〈미스트롯〉과 〈미스터트롯〉 시즌1은 세대 교체를 보여 줘 성공했다. "트로트 신scene에 젊은 애들이 많고, 이들의 실력이 좋구나 하는 걸 대중들이 느끼게 해 주었다. 이번에는 두 번째 세대 교체가 될 것 같다. MZ 세대들 중에서도 실력 좋은 애들이 많구나 하는 걸 느낄 수 있을 것 같다."

〈미스터트롯〉은 시청률이 무려 35.7%닐슨코리아로 오디션불 죄고 기록이자 '비지상파 최고 시청률'을 기록했다. 그 기록은 한동안 깨지지 않을 전망이다. 서 PD에게 이번에도 흥행을 위해 어떤 새로운 시도를 했는가를 물어 보지 않을 수 없었다.

"오디션 룰은 다 똑같다. 거기에서 벗어나지 않는다. 많은 사람

✦

들이 출연해 한 명이 승자 독식하는 서바이벌에서 달라질 수 있는 건 없다. 대신 포장지는 달리한다. 첫 번째는 오픈 상금제를 게임의 룰로 정했고, 두 번째는 국민 투표를 통해 패자를 부활시킨다는 점이다.

오픈 상금제는 〈오징어 게임〉에서 착안했다. 상금이 라운드별로 증액된다. 오징어 게임은 패자의 목숨값으로 상금 액수가 올라가는데, 여기서는 칭찬을 들은 만큼 돈으로 라운드에 따라 적립된다. 또 이전에는 심사위원들이 아까운 탈락자를 살려냈지만, 이번에는 국민 투표로 패자 부활을 시켜 준다."

그러면서도 서 대표는 "하지만 포장지보다는 알맹이다. 결국 노래를 잘하는 친구들 많이 나와 드라마를 만들어 주면 시청자는 쫓아가기 마련"이라고 노래 실력을 강조했다.

서 대표는 "또다시 젊어진 층들이 어떤 식으로 잘 부르는가?"라는 질문에는 "〈미스트롯〉, 〈미스터트롯〉을 할 때는 현역들도 무명에 가까웠다. 임영웅, 영탁 등이 스타가 됐다. 이들보다 나이가 어린 1998년~2000년대생들은 현역에 비해 명함도 못 내미는 상태였는데, 이제 시장이 커졌다. 팬데믹으로 대중적인 활동은 제대로 못했지만, 대학교의 실용음악과 재학생과 졸업생들이 대거 유입됐다. 이들 MZ 세대 신진들의 실력이 좋아졌다. 신선하고 쫄지 않는 이들이 재미의 요소가 되겠구나, 그래서 두 번째 세대 교체가 되겠구나 하는 자신감이 생겼다." 라고 답했다.

〈불타는 트롯맨〉과 비슷한 시기에 서혜진 대표의 전직장인 TV조선에서는 〈미스터트롯2〉를 방영한다. 업계에서는 비슷한 두 개의 남자 트로트 오디션이 동시에 열리는데 대해 경쟁력이 높아진다는 긍정론과 한정된 소스를 나눠야 하는 우려 섞인 부정론을 동시에 내놓고 있다. 하지만 서혜진 대표는 방송국을 나와 스튜디오를 차린 이유가 명확했다.

"왜 방송국을 나와서 트로트 오디션 프로그램을 다시 제작하느냐에 대한 답변을 드리겠다. 제작사를 차린 것은 IP^{지식재산권}가 만드는 사람에게 가는 합리적 시장이 형성됐고, 이게 확대될 것이라는 기대감이 생겼다. 우리는 콘텐츠를 만드는 주체라는 생각을 많이 했고, 긍정적 낙관주의로 회사를 차렸다. 트

✦

로트 시장을 발견한 것은 우리가 처음이었다. 그 전에는 기획사가 사업하기 위해 트로트 시장에 들어왔다면, 우리는 콘텐츠를 주도적으로 만드는 입장에서 어덜트 시장에 도전했다. 콘텐츠가 주도해야 한다. 이제는 또 다른 유형의 오디션으로 넘어갈 것이다. 트로트 시즌1을 만든 기획자 입장에서 남자, 여자 편을 했고, 곧 다른 물줄기로 넘어갈 것이다. 이번은 그 마지막 시즌이다."

서 대표는 "밖에서 보면 MBN과 TV조선이 트로트로 자존심 경쟁을 벌인다고 생각할 수도 있겠지만, 결국 새로움을 보여 주고 스타를 탄생시키는 데서 승부가 결정나지 않겠느냐"고 말했다.

이어 트로트의 팬덤에 대한 이야기로 넘어갔다. 서 대표는 "트로트 신에는 원래 소소하게 용돈을 쥐어 주는 듯한 소규모 팬덤 문화가 있었다면, 〈미스터트롯〉을 통해 팬덤 문화의 판이 커졌다. 워낙 소비 수준이 높은 층이 들어오다 보니 MD, 스트리밍의 구매력이 높아졌고, 다양해졌다. 의사소통도 더 강하고 권력화되기도 했다. 이런 확장이 트로트 신을 발전시킨 면도 있다. 이런 팬덤이 다음 시즌의 제작을 가능하게 했다."면서

"하지만 트로트 팬덤 문화는 이제 스타트다. 임영웅 16만, 영탁 8만, 정동원 5만 명의 팬덤이 거의 〈미스터트롯〉을 통해 만들어졌다. 팬덤 서비스를 어떻게 하느냐에 따라 이 시장이 확장될 수 있다."고 내다봤다.

이어 "(팬덤의) 나이대가 좀 더 내려와도, 좀 더 젊어지면 큰 시장이 형성된다. 이찬원이 시장 확장에 도움 준 건 사실이다, 팬층의 나이대가 젊어지는 데 기여했다. 팬층이 30대 후반까지 내려올 수 있다면 시장도 커지고 팬 서비스도 달라진다. 시장이 움직이면 저희를 자극시킨다. 이런 게 선순환 구조다."고 덧붙였다.

〈불타는 트롯맨〉은 새 MC로 도경완 전 KBS 아나운서을 선택했다. 이에 대해 이상혁 PD는 "〈슈퍼맨이 돌아왔다〉로 도경완과 인연을 맺었다. 새로운 얼굴이 필요한데, 대한민국에서 오디션 MC를 할 수 있는 사람들이 한정적이다. 도경완 씨는 트로트 오디션 MC로 적합하다. 24시간 트로트와 함께 있을 뿐 아니라 트로트를 이해하는 스펙트럼이 넓고, 소통도 잘한다. 출연자들에게 동네 형처럼 보듬어 준다. 관객들도 부담 없이 다가가기에 좋다."라고 도경완의 매력을 설명했다.

서혜진 대표는 "무엇보다 출연자가 노래를 부르는 무대가 가장 중요하다. 본질에 집중하겠다. '부모가 이혼하고 할머니 손에 자랐네' 등등 감성팔이형 인터뷰를 통한 스토리텔링은 최소한에 그친다."라고 말했다. 이어 "내년에는 부부에 관한 리얼리티를 선보인다. 그동안 결혼, 연애, 이혼에 관한 화두를 던졌는데, 이번에는 부부의 문제점에 대해 화두를 던지려고 한다."라고 말했다.

🎤 **〈현역가왕〉 총기획자 서혜진,**
"전유진이 왕좌에 앉아 있지만 벌벌 떨고 있더라."

세 번째 인터뷰는 전혜진을 제1대 현역가왕으로 배출한 〈현역가왕〉 결승 직전인 2024년 2월 초에 이뤄졌다.

'제1대 현역가왕'은 누가 될 것인가?

2024년 2월 13일 밤 9시 40분 MBN 〈현역가왕〉 최종회가 방송됐다. 이날은 제1대 현역가왕과 함께 〈한일 가왕전 트로트 한일전〉을 승리로 이끌 최정예 국가 대표 톱 7이 탄생했다.

✦

〈현역가왕〉은 6%대의 시청률로 시작했으나, 결승전 1라운드가 방송된 지난 6일 11회분이 전국 시청률 16.1%닐슨코리아 기준를 기록하며 지상파-종편-케이블 채널을 포함해 한 주간 방송된 예능 중 시청률 1위라는 압도적인 성과를 탄생시켰다.

결승전 2라운드가 펼쳐질 오는 13일 최종회에서는 2020년 〈보이스트롯〉이 올린 MBN 기존 최고 시청률18.129%을 깰 수 있을지도 관심거리다. 이 날은 TOP10인 전유진-박혜신-마이진-윤수현-김다현-별사랑-린-강혜연-김양-마리아가 결승전 2라운드 최후의 결전을 펼친다. 〈현역가왕〉을 기획한 서혜진 크레아 스튜디오 대표를 만나 프로그램에 관한 이야기를 들어봤다.

트로트 오디션은 송가인을 배출한 2019년 〈미스트롯〉, 임영웅을 탄생시킨 2020년 〈미스터트롯〉을 거치면서 남발됐다. 지겨워질 만도 했다. 하지만 이 두 프로그램을 기획, 제작한 서혜진 대표는 〈불타는 트롯맨〉에 이어 〈현역가왕〉까지 제작했다. 그렇게 하고도 많은 사람들의 선택을 받았다.

✦

❓ 〈현역가왕〉이 왜 시청률이 많이 나온다고 생각하나?

❗ 전성기에 비하면 적게 나오고 있다. 그럴 만하다. 2019년 〈미스트롯〉이 18.1%로 당시 종편 예능 최고 시청률을 기록했고, 2220년 〈미스터트롯〉 최종회가 35.7% 시청률을 기록했다.

사람들은 트로트는 한물갔다, 지겹다, 안 된다고 했다. 요즘 AI폰이 나오지 않나. 우리도 이렇게 리뉴얼해서 탑재한 거다. 오디션이 트로트 장르에서 시청자에게 새롭게 다가간 건데, 이걸 브랜딩하고, 기술력을 탑재한 것이다. 계속 업데이트해 나갈 것이다. 휴대폰을 쓰는 사람이 있는 한 기종의 발전은 계속되듯이. 시청률은 그 발전의 증거라고 생각하고 감사하다.

❓ 왜 트로트 장르에 현역들을 뽑아 출연시켰는가?

❗ 〈미스트롯〉 등에서 아마추어와 현역이 함께 경연했다. 시청자들 귀가 많이 높아졌다. 현역은 좀 다르다. 고배를 마신 사람도 실력이 없는 건 아니다. 그래서 현역

만 불러 해보자고 하니 노윤 작가가 〈현역가왕〉이라고 제목을 정했다. 노윤 작가는 〈아내의 맛〉도 제목을 지었다. 트로트에서 새로운 인물을 찾기는 어렵다. 초등학교에서 일 년에 한두 명 나올까 말까다. 현역을 능가할 소름 끼치는 재능을 가진 애가 나오려면 시간이 걸린다. 현역은 자비를 들여 무대를 만들 정도로 무대 욕심이 많고 경쟁심도 강하다. 그런 점들도 현역들로 출연진을 구성한 이유다.

❓ 트로트 소비자 환경 분석을 어떻게 했는가?

❗ 한마디로 팬덤의 시대다. 트로트 팬덤이 원래 많은 숫자는 아니었지만 넓게 소소하게 퍼져 있었는데, 〈미스트롯〉 때 그 씨앗이 폭발했다고 본다. 출연자들의 노래를 들으면서 팬덤도 성장했다. 그런데 팬데믹 시기에 접어들면서 이것만 봐야 했다. 그러면서 팬덤은 더욱 급속도로 성장했다.

트로트 팬덤은 다른 장르에 비해 시간 있는 사람의 전유물이다. 동호회 형태의 색깔이 강하다. 자식에게도 하지 못하는 말들을 여기서는 실컷 할 수 있어 외롭지 않고, 응집력이 강해진다. 임영웅 팬덤이 그렇게 발전했다. 〈미스터트롯〉 팬덤이 강화되면서 임영웅 팬덤은 다양한 기부까지 하는 거대 시스템으로 발전했다. 방송국도 팬덤 문화 덕을 보고 있다. 트로트 오디션의 스핀오프 프로그램의 시청률은 팬덤 충성도가 아니면 지금 상태로 끌고 오기 힘들다. 팬덤이 방송국을 먹여 살린다. 트로트 팬덤은 아이돌 팬덤에 비해 마음을 잘 바꾸지 않는다. 〈불타는 장미단〉도 시청률 5~6%를 유지하고 있다. 팬덤은 콘서트에서 결집한다. 그렇게 되면 기존보다 규모가 2~3배 확장된다. 손태진 팬덤도 3만 이상으로 확장됐다. 또, 코로나가 끝나고 시청 패턴이 바뀌어 밤 12시 이후에는 팬들도 TV를 잘 안 보더라. 결승 2차전 방송 시작 시간을 조금 당겼다.

❓ 그런 팬덤 문화가 〈현역가왕〉에는 어떻게 활용됐나?

❗ 전유진이 2020~2021년 〈미스트롯2〉에 참가해 본선 3차 8회에서 탈락했다. 당시 팀원들을 배려하느라 전유진이 자신의

얼마 후 평소 존경하던 대학교수님을 만났는데, 첫 마디가 "전유진 왜 떨어뜨렸어?"였다. 그 교수님한테 그런 얘기를 들을지 몰랐다. 전유진은 그때 15살 중학생, 변성기였다. 지금은 고음을 뚫고 나오는 엄청난 성장을 했다. 개인적으로 전유진이 '아름다운 강산'을 공간감 넘치게 부를 때 감탄하면서 들었다.

전유진은 팬덤의 지지가 강해지면서 코어가 단단해지고, 라이벌과 경쟁도 하면서 성장하고 있다. 라이벌이 서로를 키우는 관계다. 혼자 싸우지는 못한다. 전유진 팬덤과 김다현 팬덤은 경쟁하면서 윈윈한다. 다현이 패자 부활전에서 살아남아 결국 준결승 진출을 확정짓자 한 할머니가 "아이고, 내가 이제 잠을 자겠다."라고 했다. 이쯤 되면 찐팬이다.

이 패자 부활전은 3명이 한 조씩 3개조의 1등만 파이널에 진출하는 승부 방식이었다. 순위는 국민 판정단만이 결정했다. 그러니 전유진과 김다현이 속한 조에 가지 않으려고, 남은 2조에 몰린 류원정×두리×신미래의 경쟁이 '트로트 역사상 가장 치열한 전투'라는 제목을 달고 '짤'로 돌더라.

❓ 노윤 작가와 항상 콤비를 이룬다. 노윤 작가의 말도 참 잘 듣는 것 보면 콤비가 잘 맞는 듯하다.

❗ 내가 경영자라면, 작가들은 현장 소장이다. 건설 현장의 말을 안 들으면 리스크 관리가 안 된다. 철제가 안 들어갔는지, 파업을 하는지 나는 알지 못한다. 작가들이 플레이어들과 함께 시간을 보내면서 감정을 공유하게 된다. 해당 작가들은 출연자의 탈락과 진출 등 희노애락 감정을 직접 나눈다. 나는 격하게 감동하지 않는다. 대신 그들 말을 들어준다.

노윤 작가는 〈현역가왕〉을 하면서 세미, 꺾기, 정통, 발라드 트로트 등 다양한 트로트를 들려주기를 원했다. 팬덤이 나눠지더라도 다양한 트로트를 관객에게 들려주고픈 욕구가 있더라. 〈현역가왕〉은 현역들만 자기 목소리로 할 수 있으니까, 그런 시도가 가능하리라고 봤다.

✦

❓ 노래를 부르고 무대 뒤로 나가는 사람, 탈락자의 이야기도 계속 카메라가 담았다.

❗ 탈락자의 이야기도 가감 없이 보여 준다. 치열하게 싸웠지만, 떨어지고 소감을 가족이나 팬에게 말하면서 운다. 억울한 기분도 없지는 않겠지만 팬들에게 미안해서다. 무명일 때 팬들이 지지해 준 데 대한 미안함, 그게 짠하더라. 우리는 그런 얘기를 담아내고 싶었다.

❓ 현역 출연자들에 대해 얘기 좀 해달라. 발라드에서 온 린의 출연이 인상적이다.

❗ 린은 트로트의 확장이 가능하다. 타장르에서 그냥 넘어온 게 아니다. 디시 갤에서도 "이 여자는 진심이다. 가요무대도ㅣ 나오고"라고 했다. 린이 어릴 때 노래를 부르자 교장 선생님이 칭찬을 한 게 노래를 부르게 된 계기라고 했다. 트로트를 불렀던 어린 시절, 트로트 앨범을 내고 싶다고 했다. 린은 표정이 잘 먹힌다. '삼다도 소식', '한오백년'을 부를 때 보면 변검술처럼 얼굴을 갈아낀다. 비음이 들어간 린의 알앤비 R&B, 리듬 앤 블루스 트로트를 결승에서도 볼 수 있다.

✦

사실 린은 오디션 프로그램에 나오기에는 연차가 높다. 트로트에서 안 받아 주는 것 아닐까 하는 우려가 있었다. 트로트 팬들이 타 장르에 대해 거부감이 있다. 악플 걱정도 했다. 그런데 린이 유연해서 놀랐다. 아이들과 잘 어울리고, 동료 분위기를 잘 이끌어 내더라. 〈현역가왕〉에 와서 노래 잘하는 사람들을 많이 봤고, 실력자들을 많이 알게 되어 좋았다고 유튜브에 겸손하게 인터뷰를 했다.

? **다른 출연자들에 대한 생각도 궁금하다.**

! 현역들에게는 이번 무대가 좋은 기회다. 두리는 화려하고 다채롭고 안정적이다. 그래서인지 감성적 노래가 잘 안 먹힐 수 있다. 실력파 별사랑은 노래를 잘 하는데, 스스로 스타성이 부족하다고 생각하는 듯하다. 이런 점들을 어떻게 보완해 나갈지 스스로 경험하고 체크해 보는 시간이다. 강혜연은 남자 팬이 많고, 정통 트로트의 단아한 분위기의 류원정도 남성 팬이 많은 편이다.

한국인의 한을 표출하는 마리아는 끝나면 한국에 귀화해야 할 듯하다 하하하. 마리아는 2000년생, 현실적인 MZ 세

대다. 스스로 마리아 효과는 1~2년 갈 것이라고 한다. 바로 제2의 마리아가 나올 것이라고 하더라.

마이진은 보수적인 남자 시청자들이 어떻게 보는지는 확실히 모르겠지만, 사이다 고음과 화려한 댄스 실력을 지닌 만능 마이진만의 독특한 색깔이 있다.

오는 3월 26일 첫 방송되는 '트롯한일전'에 나가면 매력 있는 친구들이 많다. 트롯한일전은 나도 안 가본 길이라 어떻게 될지 정확하게 예상할 수 없다. 하지만 분명 새로운 믹스를 보여 드릴 것이다.

❓ 마스터심사위원**에 대한 생각은….**

❗ 그냥 "잘 들었다.", "수고 많이 했다."는 말을 싫어한다. 공연 관람이 아니고 경연 평가 자리다. 윤명선 마스터는 직설적이고 솔직하다. 듣는 사람이 아프지만 받아들인다. 그래서 성장하는 참가자도 있다. 윤명선 마스터는 평가할 때 "한 가지 물어보고 싶은 게 있다."로 시작할 때가 많은데, 무엇을 물어볼지 궁금해진다. 10회 신곡 대결에서 김양이 '바람의 연가'를 불렀을 때, 윤명선 마스터가 "그동안 부담스러웠는데, 지금 마음을 왜 이렇게 내려놓으셨죠?"라고

설운도의 심사평은 후련하다. 주현미는 지적이고, 애정이 있다. "그것만 고치면"이라고 포인트를 잡아 준다.

❓ 진행자인 신동엽이 울컥해 진행을 못한 장면이 있었다.

❗ 신동엽이 울컥해 말이 안 나와 발표를 못했다. 나도 이런 모습은 처음 봤다. 참가 가수들이 너무 열심히 한 걸 아니까 본인도 안타까웠을 것이다. MC가 탈락한 사람 이름을 냉정하게 불러야 하는 직업이겠지만, 신동엽이 참가자의 마음에 공감했기 때문에 그런 모습이 나오지 않았을까.

❓ 〈현역가왕〉 이후에는 어떤 프로그램을 기획·제작하나?

❗ 우선 아이돌 오디션 〈언더 피프틴〉을 10회 정도로 제작하려고 하고, 〈현역가왕〉 남자편을 해보려고 한다. 남자편은 빠르면 연말에 녹화를 시작해 내년 편성이 가능할 것 같다. 남자편은 또 다른 장르에서 올 것을 기대한다. '현역'은 다양하게 열어놓고 있다.

✦

? <u>인터뷰 질문과 관계없이 하고 싶은 말이 있다면?</u>

! 〈현역가왕〉이라는 오디션을 보면 극한의 경쟁에 몰린다. 딱히 잘못하지 않았는데, 어떤 이유를 알 수 없는 상태에서 레이스에서 떨어진다. 이게 우리의 인생 같다. 또 다른 멍울이 있는 거다. '1위 탈환전'으로 다른 현역을 밀어내고 1위 의자에 앉아도 허탈하다. 시청자 분들이 이를 보면서 위로를 받았으면 좋겠다. 전유진이 좋을 것 같지만 벌벌 떨고 있다. 학교에서 반장도 해본 적 없는데 이렇게 주목을 받으니, 잘못되면 본인이 긴장한다. 모두가 똑같은 상태로 레이스에서 바둥바둥 대며 임하고 있다. 이를 보면 짠하기도 하고 위로가 되기도 한다. 그래서 이들을 응원하시나?

〈미스터트롯〉 노윤 작가,
"임영웅의 담담한 창법은
사람들을 저절로 울린다"

〈사랑의 콜센타〉 56화
'임영웅-다시 사랑한다면'
(출처: 미스&미스터트롯)

노윤 작가는 서혜진 PD와 콤비다. 두 사람은 〈미스트롯〉, 〈미스터트롯〉, 〈불타는 트롯맨〉, 〈불타는 장미단〉, 〈아내의 맛〉, 〈현역가왕〉 등을 함께 만들었다. TV조선 〈미스터트롯〉을 기획하고 연출한 서혜진 PD는 "〈미스터트롯〉은 작가의 프로그램이다." 라고 했다. 그만큼 작가의 프로그램 개입도가 높다는 말이다.

노윤 작가와의 인터뷰는 〈미스터트롯〉이 끝난 직후인 2020년 4월 하순에 진행됐다. 인터뷰를 위해 만난 〈미스터트롯〉의 기획

크리에이터인 노윤 메인 작가는 "작가들은 자신이 맡은 출연자들과 잠자는 시간을 제외하면 하루에 거의 17~18시간씩 붙어 지낸다."고 했다. 작가들은 출연자를 관찰하고 대화하며 스토리를 뽑아낸다. 아니 짜낸다.

그런 과정에서 한 작가가 SNS에 "내 새끼"라는 표현을 써 편애 논란이라는 오해를 낳았다. 그런 식으로라면 한 작가당 새끼가 30명 정도는 된다고 했다. 작가들도 출연자들이 탈락과 진출을 할때 그들과 똑같은 감정을 경험하게 되고 프로그램이 끝나면 거의 방전되는 수준으로 감정의 기복이 크게 나타난다고 한다. 그러니까 제작진 중에서는 작가가 출연자와 희노애락 감정을 가장 밀접하게 공유한다.

노윤 작가는 〈미스터트롯〉의 메가 히트에 대해 "결과가 너무 좋게 나타나니까, 내가 이만큼 노력한 게 맞나 하는 생각이 들었다. 시대적 정서나 분위기와 잘 맞은 것 같다. 우리는 숟가락을 얹어 프로그램이 날개를 단 게 아닌가 한다."고 말했다. 이렇게 겸손하게 말하면서도, 프로그램이 인기를 얻게 된 본질을 하나하나 설명해 나갔다.

✦

"〈미스터트롯〉은 참가자의 본성을 어떻게 하면 건드릴 수 있을까를 연구했다. 〈미스트롯〉과 〈미스터트롯〉은 100명이 나와 한 명을 찾아가는 프로그램이다. 노래는 결과물이다. 노래와 퍼포먼스를 완성하는 과정에서 어떤 본성이 나올까? 미션을 통해 이런 감정을 어떻게 소구할 건지 시뮬레이션했다."

이런 말은 음악 전문 작가나 예능 전문 작가들이 하지 않는다. 알고 보니 노윤 작가는 제법 긴 기간 동안 교양 전문 작가로 일을 했었다. 노윤 작가는 "무대 감정이 극대화되면 실수건, 괴력이건 무엇이건 나온다. 무대에 올라와 소변이 마렵다고 한 참가자도 리얼이다. 체면이고 뭐고 없는 상황이 나타난다."면서 "임영웅의 '바램'처럼 정갈한 노래도 나온다. 그러면서 한 사람씩 드라마가 나온다. 우리는 감정을 극대화시킬 수 있는 환경을 만들어 준다. 어차피 드라마는 그들이 써나간다."고 말했다.

또한 노 작가는 "TV 매체는 유튜브, OTT에 비해 40~60대의 중장년이 주 타깃이다. 여기에 젊은이들이 붙을 수 있게 기획했다"고 전했다.

"〈미스터트롯〉을 보면서 아직도 TV 매체의 유효한 시장이란 걸 발견한 게 반갑다. 기획 단계에서 '젊은 애들이 볼까?'라는 생각을 서혜진 PD와 많이 했다. 자신감을 가지게 된 것은 엄마가 죽어라 보면 자식이 한 명 정도는 들어올 것이라는 점이다. 엄마를 미치게 하면 '우리 엄마가 뭐에 빠져 있는 거야' 하면서 들어올 것이다. 이를 송가인을 통해 확인했다. 그런 점에서 〈미스터트롯〉에 신동부와 유소년부를 만든 것도 신의 한 수라고 생각한다. 이찬원, 정동원, 남승민 등을 통해 젊은이들의 언어, '너의 세대 이야기야'라는 점도 부각시켜 층을 넓혔다."

노 작가는 〈미스터트롯〉 제작진이 강조한 또 한 가지는 '공동체 정신'이라고 했다.

"누가 1등 할지는 모른다. 1등만이 아닌, 100명도 잘돼야 한다. 혼자 만드는 프로가 아니라면서 공동체를 강조했다. 나 혼자가 아니라 관계에서 나오는 거다. 팀미션에서 우정과 유닛 정신을 강조했다. '1등 할 거야'는 기본적인 본능이고, 이 판이 재미있어야, 이 분위기가 좋아야 한다. 97등을 하고 떨어지더라도 이 판이 재미있으면 어디서건 97등 했다고 명함을 내놓을 수 있다."

노윤 작가는 참가자들에게서 느낀 점과 비하인드 스토리도 들려주었다. 특히 임영웅에 대한 이야기가 인상적이다.

"예선에서 임영웅은 기대감이 별로 없었다. 외모도 강렬하지 않았다. 자극이 전혀 없어 다소 밋밋하게 느껴졌다. 오디션 공식에는 그렇게 잘 맞는 것 같지 않았다. 노래도 내가 아는 '바람'을 불렀다. 너무 담담하게 불렀다. 그런데 웬만해서는 잘 울지 않는 내가 휴지를 들고 닦고 있었다. '이상하다. 되게 힘이 있네.' 내가 듣고 울 정도면, 어디까지 갈수 있을까가 궁금했다. 방송이 나가면서 놀라울 정도로 반응이 크게 나오더라."

이찬원에 대한 인연도 각별했다. 노윤 작가는 "내가 〈스타킹〉 작가를 할 때 이찬원이 나왔는데, 나는 기억을 못했는데, 찬원이는 날 세세하게 기억하는 걸 보고 놀랐다."면서 "신동부를 만들 때 〈스타킹〉 출연자들이 포함됐다. 김희재, 양지원, 김희재 등이다. 〈스타킹〉 때는 TV 출연이 목적이다. 강호동도 만나고. 10년쯤 지나니 이들이 사회에 진출할 나이가 됐다. 〈스타킹〉에서 재롱잔치를 하던 친구들을 우리가 책임지는 느낌이 들어 뿌듯했다. 〈미스터트롯〉이 이들에게 사회에 진출할 창구로서 역할을 한 것 같았다. 자기 결정권이 없는 아이들을 성인들이 1회용으로 소비하고 마는 게 아니라는 점을 알려 주었다."

영탁과 노윤 작가의 인연은 〈스타킹〉과 〈히든싱어〉 작가 때다. "영탁은 〈히든싱어〉 휘성편에 나왔는데, 가난한데 잘 풀리지 않는 이미지였다. 이번에도 예심장에서 영탁이 발라드를 불렀는데, 크게 기대하지는 않았다. '힘드니까 또 기회를 찾으려고 왔나 보다'라고 생각했다. 예심장에서도 조금 약했다. 그런데 음악 욕심을 부리는 게 아름다워 보였다. 이런 친구는 기회를 줘도 괜찮은 거 아닌가? 영탁은 그동안 감정을 보여준 경험이 많으니까 오디션에서 바로바로 터뜨렸다. 오디션은 공평하다. 영탁처럼 터뜨리면서 자기 역할을 찾아가는 게임이다. 제작진이 하라고 해서 하는 게 아니다. 영탁은 참가자 중 자신을 어필하면서 나가는 걸 가장 잘했다."

노윤 작가는 김호중을 '트바로티'로 컬러가 다르고 독특해 대중에게 새롭게 다가갈 수 있고 결승까지 갈 것이라고 예측했다

✦

고 한다. 장민호와 김희재에 대해서도 한마디씩 했다.

"장민호는 나름 자리를 잡은 친구라 초반만 해도 신선하지 않았고, 시청자 반발도 있었다. 제 기량을 발휘하지 못해 불안해하기도 했다. 그런데 착한 심성이 나오더라. 내려놓더라. 자기가 형이니까 애들을 엄청 챙겼다. 사람들이 장민호의 진가를 알아봐줬다. 정동원과의 파트너 미션도 그런 생각으로 하니 시너지가 나왔다. 김희재는 잘하지만 튀는 스타일이 아니라 불리했다. 초반에 잘 안보였다. 스토리 라인을 만들지 않았고, 군대에 복무하고 있어 연습도 많이 못했다. 하지만 역시 실력이 있었다. 잘 띄지 않아도 마스터의 평가가 좋았다."

마지막으로 정동원에 대한 이야기를 이어갔다.

"동원이는 본심을 통과하면 결승에 갈 것 같았다. 아이라는 특수 캐릭터지만 노래를 잘한다. 가수로 인정하고 나면 노래를 잘하는 게 보였다. 동원이는 타고난 영재다. 단순히 가수가 아니라 연예인 피도 가지고 있어 활동 폭이 넓을 것이다. 뭐가 되도 될 것이다. 앞으로 선생을 잘 만나야 한다. 기획사이건 인생 선생이건, 멘토건. 너무 똑똑한 아이라 자신이 가진 걸 훼손하지 않고 잘 발휘하게 해줬으면 한다. 그 점에서는 형들이 잘 해줬다."

원래 교양 작가였던 노윤 작가는 방송국을 오가며 교양 PD였던 서혜진 PD를 만났다. 서혜진 PD가 먼저 예능국으로 갔다.

"서혜진 PD가 나에게 예능으로 오라고 했다. 앞으로 나의 시대가 올 거라면서. 시대적 흐름이 예능인 위주에서 감동, 위로로 간다고 했다. 그 전에는 KBS 〈위험한 초대〉, 〈공포의 쿵쿵따〉 같은 예능이 휩쓸고 갔다. 이제 일반인 예능이다. 감동과 자연스러움이 중요하다고 했다. 시대적 정서와 분위기를 잘 탄 것 같다."

노윤 작가는 "처음에는 예능국에 가면 교양국과는 문법과 법칙이 다른 데 과연 될까? 뭔가 할 건 많은 것 같지만, 주철환 PD가 예능은 3초에 한 번은 웃겨야 한다고 했는데, 그런 생각을 하면서 새로운 곳에 갔다."면서 "하지만 교양 작가를 하면서 일반인을 보여 주는 데는 자신이 있었다. 일반인은 예능에 접근하는 게 쉽지 않다. 일반인들로 TV물을 만들어 팔리는 상품으로 내놓기는 어렵지만, 〈스타킹〉으로 연착륙했다. 〈스타킹〉은 결이 다양하다. 사연만으로 되는 사람도 있다. 그들의 인생 코드가 독특한 강점이다. 장기, 기인, 기예 등 천차만별의 특성과 재주가 웃음과 감동을 준다. 일반인은 연예인보다 존재감이 덜하지만, 인위적이고 않고 자연스럽다. 나는 교양 작가를 하면서 원천 소스를 들여다보는 데 익숙하다. 그것을 예능과 접목했다"고 전했다.

그렇게 해서 노윤 작가는 〈스타킹〉뿐 아니라 〈히든싱어〉 시즌 1~5, 〈팬텀싱어〉 시즌 1~3, 〈동상이몽2-너는 내 운명〉, 〈선다방〉, 〈미스트롯〉, 〈미스터트롯〉, 〈아내의 맛〉, 〈뽕따러 가세〉의 메인 작가를 했다. 대다수가 성공한 프로그램이다. 2019년 12월에는 작가들이 가장 받고 싶어 한다는 한국방송작가협회가 주는 2019년 예능작가상을 〈미스트롯〉으로 수상하기도 했다.

✦

2020 이전에는 낮았던 트로트의 위상

임영웅 〈미스터트롯〉
예선전 곡 '바램'
(출처: TV조선)

트로트 음악은 호황을 맞고 있다. 방송이나 공연에서 트로트는 잘 나가고 있다. 하지만 〈미스트롯〉2019과 〈미스터트롯〉2020이 방송되기 전만 해도 트로트는 그리 좋은 대우를 받지 못하고 있었다. 그렇다면 트로트가 어떻게 해서 위상 변화를 겪게 됐을까?

과거 트로트는 젊은 세대가 좋아하지 않았다. 젊은 세대가 평소에는 트로트를 접하지 않지만 막상 회식이나 뒷풀이 자리에서는 트로트를 불렀다.

하지만 젊은 세대와 트로트의 연결 고리가 별로 없었다. 한때 트로트를 '성인가요'나 '전통가요'라고 불렀던 것만 봐도 그 사실이 증명된다. 트로트를 '성인가요'라고 한다는 것은 트로트 외의 노래를 '비성인가요'라고 부르면 안 되는 것만큼이나 잘못된 용어였다.

대한가수협회 등 음악 단체 차원에서 트로트를 발전시키고 트로트를 대체할 만한 용어를 찾기 위한 토론회와 공청회가 열린 적이 있지만, 결국 새로운 용어를 찾지 못했다. 2010년 8월 대한가수협회와 민주당 정책위원회가 공동 주최로 뽕짝으로 비하되고 서자 취급당하는 트로트를 활성화시킬 방안을 논의했다.

이 자리에서 주현미는 트로트라는 명칭 사용에 대해 이의를 제기했다. 주현미는 "트로트는 일본 노래와는 다른데 트로트로 불러 왔다."면서 "평론가들이 트로트라고 정해 버렸다. 그런데 부르는 우리는 공감하지 않는다."고 말했다. 이어 주현미는 "지난해2009 이미자 선배가 50주년 기념 인터뷰에서 "나는 트로트 가수가 아니다. 왈츠, 스윙도 불렀다."는 말을 하는 것을 들었다. 지난해 후배들과 모인 자리에서 적합한 이름을 찾자는 의견이 있어 성인가요 등이 나오기도 했다. 우리는 이름도 제대로 없다. 트로트의 이름을 찾아야 할 것 같다."고 털어놨다. 이어 "오래전 MBC의 한 쇼프로그램에서 공모를 통해 트로트 이름을 '애가'로 하자는 방안을 알렸지만 그 용어가 쭉 이어져 정착하지 못했다."라고 밝혔다.

주현미는 "기획사들이 중심이 돼 외국 팝과 힙합을 한국화해 부르는 것을 보면 대단하다."면서 "과연 한국화한 음악이란 무엇인지를 가르쳐야 한다. 우리 음악은 뿌리가 없는 것 같다."라는 생각을 밝히기도 했다.

이날 토론회에서는 트로트를 대체할 만한 용어로 엔카의 한국식 표기인 '연가演歌', 나훈아가 제안한 아리랑, 성인가요, 전통가요 등이 있었으나 대한가수협회 김원찬 사무총장과 상유정 단국대 교수 등은 "대체어들이 모두 한계가 있어 트로트라는 용어를 아쉽기는 하지만 당분간 사용하자."라고 말했다. 작곡가 이호섭은 트로트를 '정통正統가요'라고 하자고 제안하기도 했다.

단국대 장유정 교수는 '문화적 맥락에서 본 트로트의 과거와 현재'라는 발제를 통해 트로트가 '이식성'과 '왜색성'을 지녔음에도 우리 대중가요라는 점을 분명히 했다. 장 교수는 "트로트는 일본을 통해 유입되었으나 그 기원과 무방하게 한국적 토양에서 순화, 형성된 갈래"라고 주장했다.

이어 강철근 한류국제문화교류협회 회장이 '한국 트로트의 세계화 전략' 발제에서 "트로트의 글로벌 명품 제작을 위해 조용필이나 이미자 같은 대중가수에게도 인간문화재 명예를 부여하자."라고 주장했다.

2019년 4월에도 대한가수협회가 한국음악실연자연합회와 공동으로 서울 강서구 가양동 소재 음실련회관 뮤즈홀에서 한국가요 활성화 방안을 모색하는 공청회를 개최한 바 있다.
당시 대한가수협회는 "방송의 푸대접과 음악 장르 편중 등 다양한 이유로 오늘날 한국가요계는 인기 가수들조차 생계에 위협을 받는 총체적 난국에 빠져 있다."면서 "대중음악으로서의 한국 가요의 정체성과 대표성을 명확히 하고 세계화 기반을 마련하는 데는 첫 단계로 새로운 이름이 필요하다."고 행사의 주요 기획 의도를 밝혔다. 한국 가요는 그동안 '트로트', '전통가요',

+

'성인가요' 등으로 통칭되었으며, 심지어는 '뽕짝'으로 비하되기도 했다. 나는 이 자리에 토론자로 참석했지만, 이때도 트로트를 대체할 만한 용어를 찾지 못했다.

원래 트로트는 댄스 뮤직이나 발라드 등 타 장르에 비해 트렌드에 민감한 장르는 아니었다. 히트곡 한 곡으로 10~20년을 버티는 분야였다.

그럼에도 한국 트로트 신Scene, 장면에는 뛰어난 가수들이 있었다. 한국 어머니들이 살아온 정서를 대변하면서 언제 들어도 차분한 이미자나, '신비주의'라는 단어 하나로 퉁치기에는 아까울 정도로 존재감, 스타성, 아우라, 카리스마 등 다양한 의미를 지니고 있는 싱어송라이터 나훈아, '사랑밖에 난 몰라' 등을 히트시키며 초자연적인 신비감마저 느끼게 하는 싱어송 라이터 심수봉, 트로트를 좋아하는 올드 세대나 트렌디한 정서를 가지고 있는 젊은 팬을 동시에 만족시킬 수 있는 주현미 등이다.

이들의 트로트는 시류에 영합한 기획으로 나온 게 아니다. 우리의 정서가 녹아 있는 음악을 가수가 실감 나게 표현했기 때문에 오래 살아남는다.

✦

나는 KBS 라디오 〈주현미의 러브레터〉에서 6개월 넘게 함께 방송한 이력으로 주현미는 잘 아는 편이다. 주현미는 '비 내리는 영동교'와 '신사동 그 사람'을 간드러지게 부른다. 다른 사람이 이런 창법을 구사하다가는 퇴폐적이라는 소리를 들을 수 있지만 목소리가 청량하고 밝아 오히려 세련되고 표현력이 좋은 트로트라는 반응이 많았다. 그러면서 섹시한 목소리는 유지했다.

이어 히트한 '짝사랑', '잠깐만'은 트로트라기보다는 스윙이나 디스코, 16비트라 할 수 있어 당시에도 '신트로트'로 불렸다.

주현미는 시간이 흐르면서 트로트라는 장르에 매달리지 않았다. 우리 것을 가장 잘 대변할 수 있는 노래가 전통가요이지만, 트로트를 하는 데 한계도 느꼈다고 한다. 쉬운 멜로디, 일상의 편안한 가사를 기반으로 해서 다양한 장르의 후배들과도 끊임없이 교류했다. 조PD나 소녀시대 서현, 심지어 사이키델릭 밴드 국카스텐과도 콜라보레이션 작업을 통해 후배들과 소통해 나갔다. 〈꽃보다 할배〉 OST도 불렀다.

✦

주현미는 "후배들과의 작업을 통해 틀에 박히지 않는 자유로움과 도전 정신을 배웠다. 아들뻘 되는 후배가 선생님이다."라고 말하기도 했다. 이렇게 해서 주현미는 트로트 가수가 아닌 가요를 부르는 가수가 됐다. 2014년 발매한 30주년 앨범은 팝 성향이 훨씬 더 강하다.

주현미는 내면 깊은 곳에서 뿜어져 나온 농후함은 전통가요의 기품과 감성을 느끼게 하기에 충분하지만, 그녀의 끼와 매력을 빛내는 또 다른 변화와 도전을 통해 중년들만의 트로트 가수가 아닌 전 세대와 장르를 아우르는 현재 진행형 가수로 변모했다.

주현미가 '비 내리는 영동교'와 '신사동 그 사람'을 히트시켰던 80년대만 해도 트로트계에서 혁신적이라고 했다. 이미자로 대변되는 '한恨의 트로트'와는 본질이 달랐다. 기존 트로트계에서의 주현미의 등장은 '흥興의 트로트'인 장윤정의 '어머나' 못지않은 메가톤급 웨이브로 와닿았다.

다소 울적하고 차분한 분위기의 대한민국 트로트계에 맑고 청량한 목소리와 섹시하고 세련된 이미지를 가진 주현미의 등장

✦

은 신선한 충격이었다.

그럼에도 트로트는 단세포적인 가사들, 단편적인 멜로디 라인, 미미한 보컬 운영 능력 등의 지적을 받으면서 오랜 기간 침체에 빠져 있었다. 트로트 가수는 행사용이라는 소리도 들었다. 지금 임영웅 등이 활동하는 트로트와는 격세지감이 있다.

2020년 이전 트로트 시장을 애기할 때 빼놓을 수 없는 용어가 '트로트 4인방'이다. 태진아, 송대관, 설운도, 현철 등 트로트 4인방은 장수했다. 전성기에는 4인방이 잘나가는 게 이해됐다. 하지만 트로트는 오랜 기간 경쟁의 원리가 작동하지 않는 장르라고 했고, 그래서 세대 교체가 이뤄지지 않는 장르로 여겨졌다.

그러다 2005년 장윤정의 네오 트로트 '어머나'가 터졌다. 장윤정을 시작으로 박현빈, 홍진영 등 네오 트로트가 기세를 이어가는 상황에서도 트로트 4인방은 무너지지는 않았다.

트로트에서는 임영웅을 대중 스타로 만든 〈미스터트롯〉이 방송된 2020년과 함께 장윤정의 '어머나' 신드롬이 펼쳐진 2005년은 기억할 만한 해다.

장윤정은 '어머나'로 2005년 2월 12일 MBC '음악캠프'에서 이수영을 누르고 1위를 차지한 데 이어 2월 19일에도 지오디 god, groove over dose를 누르고 2주 연속 1위를 차지했다. 1993년 김수희의 '애모'가 서태지의 '하여가'를 누르고 정상을 차지한 후 12년 만에 일어난 '가요계의 혁명'이었다.

'어머나' 신드롬에는 특기할 만한 현상들이 자리잡고 있다. 장윤정은 기획 가수 출신이 아니다. 앨범이 나오면 지상파, 케이블 음악 전문 채널, 공연 등으로 이어지는 매니지먼트 사의 집중적인 홍보 방식에 의해 스타덤에 오르지 않았다는 말이다.

장윤정을 스타로 만들어 준 주된 세력은 참여 민주주의를 실현하고 있던 네티즌들이다. 신세대들이 꾸민 인터넷 싸이월드의 미니홈피와 각종 블로그의 '어머나' 배경 음악, 핸드폰의 벨소리와 컬러링이 지상파 방송을 압도해 버린 것이다. 젊은이들이 노래방이나 대학생 MT 등에서 당시 유행하는 발라드를 안 부르고 장윤정의 트로트를 부르면, 좀 더 튀는 다양성으로 봐줬기 때문이다. 당시 대중 음악 평론가 이대화가 그 시절 장윤정에게 부여해야 할 위치는 '처녀판 송대관'이 아니라, '이수영의 트로트 버전'이라고 했던 건 그런 이유 때문이다.

트로트라는 장르는 대체로 나이든 가수가 부르고 올드팬이 많았다. 주된 정서도 향수와 서글픔에 기댄다. 그러다 보니 주류 속의 비주류로 전락했다. '어머나'도 처음에는 느린, 전형적인 트로트 곡이었다. 하지만 빠른 폴카 리듬의 세미 트로트로 바꾼 게 제대로 먹혔다.

'트로트적인 시각'에서 본다면 전혀 어울리지 않은 접목이 대중에게 새로움을 준 것이다. 대중은 부담 없이 경쾌하고 흐뭇하게 즐기자는 수용자의 길을 택한다.

장윤정과 이어 나온 박현빈은 한恨의 정서를 지닌 정통 트로트를 경쾌함이라는 흥興의 요소를 가미해 신세대 트로트를 개발해 행사 시장이 두터운 트로트 장르 공략에 성공했다.

＋

그래도 트로트 가사의 상투성과 유치함은 계속 논란이 돼왔다. 트로트 음악의 튀는 가사에 대한 상반된 입장이 대립하고 있는 것.

박현빈이 부른 '샤방샤방'의 '아주 그냥 죽여줘요', 김혜연의 '뱀이다'의 '똥개다 똥개다 몸에 좋고 맛도 좋은 똥개다' 등 단세포적인 트로트 가사들에 대해 상반된 시선이 맞서고 있다.

유치하다 못해 저속하다는 부정적 입장과 "대중이 좋아하면 됐지, 뭐 어때?"라는 긍정적 반응으로 양분되고 있는 것이다.

이 논쟁은 중년 가수 김도향이 2008년 10월 "한국 대중음악에는 시대의 철학이나 맥락이 빠져 있는 채 감각적이고 자극적인 쪽으로 흘러가고 있다."면서 "'아주 그냥 죽여줘요'라는 부분은 노래가 아니다."고 트로트 가사에 쓴 소리를 하면서 더욱 불거졌다.

부정론자들은 트로트가 저급한 가사 외에도 단편적인 멜로디 라인으로 이뤄진 노래들이 트로트의 메이저 시장을 누비며 스스로 품격을 떨어뜨렸다고 주장한다. 대중 음악에서 심오한 철학적 의미까지는 아니라 하더라도 조금은 가슴에 와닿고 음미할 만한 의미 있는 가사를 원하는 측의 입장이다.

네티즌 중에는 "자극적이고 예술적인 요소가 하나도 없는 멜로디가 뭔 노래고 예술인지~", "더 자극적인 가사나 멜로디나 비주얼로 기억에 남으려고 발악을 해대는 꼴", "감흥은 있으나 감동이 없다. 그러니 금세 지워져 버리고 만다.", "천박하고 저속하다는 생각이 든다."고 극단적으로 말하는 사람들도 있다. 단조로운 가사와 비슷한 멜로디 라인을 고수하고 있는데도 유독 트로트 시장에는 경쟁의 원리가 작동하지 않는 등 트로트 음악 시장의 왜곡 상태는 심각한 수준이라는 의견도 나왔다.

하지만 트로트 가수가 꼭 시대의 철학까지 보여줄 필요는 없으며, 듣고 불러서 즐거우면 그만이라는 주장도 만만치 않다. '시대는 달라졌고 그 가사가 지금 시대에 수용될 수 있다면 그만'이라는 입장이다.

"대중이 좋아할 만한 취향에 맞추는 게 어때. 노래는 예술이기 이전에 놀이다.", "진지하고 시적이어야만 노래인가.", "좋아서 듣는데 뭔 상관?", "죽여준다는 말은 남자가 여자를 보면 쓰는 말이다. 일상생활의 말을 음악에 쓰는 게 뭐가 잘못됐나."

하지만 트로트 음악이 시대 정신을 담을 필요는 없지만 좋은 음악이 대중의 정서를 순화시켜 삶을 풍요롭게 한다는 점에서 자극적이고 유치한 가사는 세련되면서 공감 가는 가사로 개선될 여지가 있다고 생각한다.

이런 상황이 지속되다가 2020년 〈미스터트롯〉이 터지고 임영웅이 탄생했다. 임영웅이라는 '보석'은 트로트의 수준과 품격을 높여줄 좋은 기회라고 생각한다. '임영웅 현상'이 지속되면서 트로트의 수준을 한 단계 높일 수 있는 계기가 될 수 있을 것 같다.

〈미스터트롯〉, 오디션 예능 새 역사 만들었다

〈내일은 미스터트롯〉
임영웅 '어느 60대 노부부
이야기'(출처: TV조선)

2020년 3월 내내 방송가 최대의 화제는 TV조선 〈내일은 미스터트롯〉 결승전이었다. 그해 3월 12일 방송된 결승전 시청률이 지금도 종편 역사상 최고 시청률로 남아 있는 35.7%로 마의 35% 벽을 돌파한 데 이어 서버 폭주로 실시간 문자 투표를 반영하는 최종 집계를 발표하지 못하고 이틀 후인 3월 14일 결과 발표를 위해 특별 편성된 생방송마저 시청률 28.7%를 기록했다. 트로트가 대세 정도가 아니라, 〈미스터트롯〉이라는 프로그램이 무슨 '괴물' 같은 느낌이 들었다.

〈미스터트롯〉은 최종 우승자 - 진眞인 임영웅 외에도 영탁善-이찬원美-김호중4위-정동원5위-장민호6위-김희재7위까지 톱7 등 많은 참가자들이 실력과 개성을 갖추고 있어 〈미스트롯〉에서 송가인 한 명에게 치우쳤던 팬덤과 비교해 볼 때 훨씬 다양하게 팬덤이 나타나는 양상을 보였다.

〈미스터트롯〉이 신드롬급 인기를 보이자 그 인기 요인들을 다양하게 분석하고 있었다. 조선일보 최보윤 기자는 트로트가 중장년층뿐 아니라 2030 세대에게 통한 것은 정치 경제적 상황을 보며 쌓인 '울분'이 한恨의 트로트와 만나 폭발했다고 분석했다. 하지만 나는 생각이 다르다. 최 기자식 설명대로라면 2030세대가 울분을 트로트가 아닌 댄스 뮤직으로 풀 수도 있다. 울분이 '한'과 만나야만 통하는 건 아니다. 흥興의 트로트, 흥興의 댄스와도 만날 수 있다.

〈미스터트롯〉의 인기 요인은 뭐니 뭐니 해도 평소 TV에 나오지 않는 더 정확한 표현은 '나오지 못하고 있던'이다 실력자들이 대거 출연해 밀도 있게 2시간 25분간 방송한다는 점이 우선이다. 이런 실력자들을 다른 방송에서 자주 봤다면, 희소성이 감소

됐을 것이다. 하지만 임영웅과 영탁은 지상파 음악 프로그램에 출연해 노래를 부를 수 있는 기회를 잡기가 어려웠다.

그러니 이런 실력자들로 출연자들이 구성된 준결승이 열린 2020년 3월 5일 방송은 무려 2시간 53분이나 방송 됐는데도 조금도 지루하지 않았다. 아무리 재밌는 영화도 이 정도의 흥미와 긴장을 유지하기는 쉽지 않다. 지금 생각해도 〈미스터트롯〉 이전에는 임영웅, 영탁, 김호중, 이찬원 등 개성과 실력을 겸비한 가수들이 왜 TV에서 얼굴을 거의 볼 수 없었는지를 생각하면 선뜻 이해하기 어렵다.

그래서 〈미스터트롯〉은 그간 오디션 서바이벌 예능 프로그램이 주로 사용하던 개인사에 치중해 감성에 호소하는 신파적 스토리텔링과 심사위원의 독설, 악마의 편집 등에서 벗어나 오로지 참가자의 노래 실력 그 자체에만 집중한 '정공법'으로 승부수를 띄울 수 있었다. 이를 위해 1년여의 기간을 거쳐 꼼꼼하게 오디션을 진행했고, 그 결과 우열을 가릴 수 없는 역대급 실력자들을 대거 출연시켰다.

✦

마스터들의 평가에도 독설은 없었다. 오디션 프로그램에서 심사위원의 독설은 그 자체가 캐릭터가 되고, 악마의 편집에 좋은 도구로 활용됐지만, 여기서는 몇몇 마스터들은 잔치판을 즐기러 온 사람 같았다. 살벌한 경쟁터 같은 느낌이 날 리가 없었다. 작곡가 조영수와 장윤정까지도 차분한 평가를 내렸다.

들을거리만 있는 게 아니고 볼거리도 다채로웠다. '1 대 1 한 곡 대결'에서 최연소 정동원-최고령 장민호가 함께 부른 '파트너'는 귀엽고 멋있는 작품을 보는 듯했다. 강태관-김희재가 '나만의 여인'을 부르면서 '애인 구함, 연락 주삼'의 종이를 들며 공개 구혼하는 장면은 누가 봐도 유쾌했다.

〈미스터트롯〉 출연자들은 경쟁하면서도 화합한다. 경쟁하면서도 서로를 응원하는 트로트맨들의 신심이 느껴지기에 더욱 감동적이다. 서바이벌은 형식일 뿐이다. 꿩을 잡는 새가 매이거늘, 생존 경쟁에서 경쟁보다 화합이 더 부각되기는 어렵다. 하지만 이들은 화합과 하모니가 이기려는 작전 위주로 쓰는 것 못지않게 중요함을 알고 있다. 이들은 팽팽한 라이벌이자 좋은 파트너 관계를 보여 승자만 살아남는 게 아니라 모두 산다.

✦

준결승인 '1 대 1 한 곡 대결'에서 이기려고만 한다면 도저히 지목할 수 없는 상대를 지목한다. 김수찬이 당시 우승 후보 0순위였던 임영웅을 지목하고, 7위였던 신인선이 2위였던 영탁을 지명했다. 하지만 김수찬과 신인선은 진 것이 아니다. 둘 다 승부에서는 졌지만 좋은 인상을 남겨 향후 팬들의 사랑을 받으며 활동할 수 있는 계기를 마련했다. 흥과 끼에 있어서는 누구도 따라잡을 수 없는 김수찬은 이 프로그램을 통해 자신의 장점을 극대화했다. 특히 신인선과 영탁이 주현미의 '또 만났네요'를 부를 때는 너무나 사이좋게 찰떡궁합을 보여줘, 마스터들의 선택을 힘들게 만들었다.

'트로트 병아리' 정동원이 '현역 장닭' 장민호를 상대로 지목했을 때, '이들 중 누구를 떨어뜨려야 하지?'하고 고민하면서 보지 않는 사람은 거의 없었을 것이다. 그만큼 이들의 진행과 행보에 시청자들도 '감정선'이 함께 따라가고 있다.

〈미스터트롯〉의 인기에는 다소 유치한 자막도 한몫했다. 조금 유치할수록 시청률은 더 올라간다. 이찬원과 나태주가 남진의 '남자다잉'을 부를 때에는 '찬또 윙크라니. 연차 내길 잘했어',

✦

'누나들 잘 봐요', '열심', '튕김 좋고', '골반 개방-과감^{이찬원}, 화려^{나태주}', '삐걱대는 골반맷돌^{나태주} 등의 자막이 올라왔다.

'버터 산유국' 류지광이 노래를 부르고 카메라가 여성 관객석을 향하자 자막은 '동굴에서 나랑 살래'가 떴다. '황소' 김경민이 '누이'를 부르면서 춤을 추면 황소 울음 소리를 깔아 주었다. 이런 것들이 기존 오디션 프로그램과의 차이점이기도 했다.

그런가 하면 〈미스터트롯〉은 기존 트로트의 전형적인 틀을 완전히 깨부수고 댄스, 록, 성악, 국악, EDM, 비트 박스 등 전혀 다른 장르와의 조합을 통해 '트로트의 신장르'를 개척해 냈다. 특히 9살 홍잠언부터 대학생 이찬원, 군복무 중인 김희재, 참가자 중 최연장자인 장민호에 이르기까지 다양한 연령대의 참가자가 나이와 세대를 초월해 노래 하나로 성생을 빌이는 모습이 폭발적인 공감대를 형성하며 트로트에 열광하던 기존 중장년층 뿐만 아니라 20대~30대 젊은 세대를 대거 유입시키며 '트로트의 맛'에 푹 빠지게 만들었다.

하지만 〈미스터트롯〉 행사가 화려했음에도 불구하고, 서버 폭

주로 인한 결승전 투표 결과 발표 연기라는 초유의 사태와 출연자와 방송사와의 계약에서 불공정하다는 논란, 결승전에서 무려 3시간 20여 분이나 방송하며 시간을 끈 것은 뼈아픈 오점이자 개선해야 할 사안들로 보였다.

✦

'트로트 활성화'에서 읽어야 할 사항

'계단 말고 엘리베이터'
(출처. KBS 교양)

트로트 인기가 재점화된 진원지는 KBS의 〈가요무대〉나 〈전국노래자랑〉이 아닌 TV조선의 〈내일은 미스터트롯〉이었다. 송가인을 10년 무명 생활을 벗어던지고 일약 스타로 탄생시킨 TV조선 〈내일은 미스트롯〉의 열기를 이어받아 〈미스터트롯〉은 더 큰 조명을 받았다.

〈미스터트롯〉은 방송 5회만인 2020년 1월 30일 전국 시청률 25.7%닐슨코리아로 종합편성채널 탄생 후 9년간 방송된 전 프로그램을 통틀어 가장 높은 시청률을 기록했다. 이는 JTBC 〈SKY

스카이 캐슬〉이 마지막 회2019년 2월에서 기록했던 종전 최고 시청률 23.8%를 가뿐히 뛰어넘은 것이다.

방송 시간이 영화보다 더 긴 2시간 35분 간인데도 시청률이 떨어지지 않았다. 이는 워낙 다채로운 트로트 가수들이 노래뿐만이 아니라 각자 가지고 있는 스토리를 어필했기 때문이다.

정말 〈미스터트롯〉을 보고 있으면, 실력 있는 트로트 가수들이 이렇게 많을지를 미처 몰랐다는 생각이 들었다. '트로트 귀공자' 임영웅, '트로트 파바로티' 김호중, '찬또배기' 이찬원, '트로트 신동 출신' 김희재, '국민 손자'로 부상한 정동원, '트로트 BTS' 장민호 등 가창력과 스타성을 겸비한 참가자가 너무 많았다. 이런 친구들이 출전하니 빅 매치가 이어지고, 흥미와 흥행이 생길 수밖에 없었다.

그런데, 이들은 그동안 왜 음악프로그램에 나오지 못했을까? 다채로운 트로트 가창자들이 있음에도 불구하고 다양한 가수 찾기에 소홀했던 TV 제작 관계자의 성찰이 있어야겠다. 한마디로 물갈이가 필요해 보였다.

✦

트로트는 엄연히 대중 음악의 한 장르지만, 불과 몇 해 전만 해도 매스컴의 무관심 속에 푸대접을 받아왔다. 뽕짝으로 비하되고 서자 취급을 당했다. 지상파는 KBS 정도만 트로트 가수를 구색용으로 세우고 있었다.

하지만 트로트는 노래방에서 없어서는 안 되는 존재다. 인터뷰를 거의 하지 않는 나훈아는 《월간 조선》 2002년 1월호 오효진 기자와의 인터뷰에서 "우리 노래가 뽕짝일 수밖에 없는 필연적인 이유가 있습니다. 우리는 젓가락을 사용하는 민족입니다. 우리는 밥을 먹고 나서, 아니면 술 한잔 먹고 나서, 기분이 좋으면 젓가락을 두드리며 장단을 맞춥니다. 여기에 실제로 손으로 장단을 치며 가장 잘 어울리는 리듬이 뽕짝입니다. 밥도 먹었으니 배도 부르고, 술도 한잔 먹었으니 기분 좋죠. 그럼 장단 맞춰 흥얼거리며 노래를 하는 겁니다. 이기 바로 뽕짝입니다."라고 말했다.

나훈아는 이어 "미국에선 한국식 뽕짝이 나올 수가 없어요. 미국 사람들은 땅이 하도 넓어서 말을 타고 다니게 돼 있어요. 그래서 말잔등 위에서 말발굽 소리에 맞춰 노래를 부릅니다. 떠그덕,

떠그덕, 노래 부르며 "아이 원 어 고 홈"…. 이게 미국 뽕짝이에요. 반면 우리는 걸어 다녔어요. 걸어 다닐 때의 리듬이 또 바로 뽕짝이에요. 발바닥 장단을 치며 쿵짝, 쿵짝, 쿵짜작, 쿵짝…. 그런데 지금 집은 없어도 차는 갖고 있는 시대가 됐어요. 그래서 우리 뽕짝도 달라지고 있어요. 조금 리듬이 빨라지고 있습니다."라며 특유의 젓가락론을 펼친 바 있다.

트로트는 지금도 여전히 MT와 회식, 행사를 신나게 해주는 역할을 맡고 있다. 이를 문화적 순기능이라고 거창하게 말할 필요도 없다. 그런데도 트로트가 뒤로 빠져 있었던 것은 평가와 경쟁 시스템이 제대로 작동하지 못했기 때문이다. TV에 나오는 트로트 가수는 그 얼굴이 그 얼굴이다. 신인이 나오지 않는다. 신인이라는 떡잎은 있지만 그것을 발굴해 주는 시스템이 부재했다. 한마디로 긴장감 제로 구역이었다. 그런데 그들보다 노래를 잘 부르는 트로트 가수가 부지기수임을 알게 됐다. 이것은 '기회 균등' 면에서도 정당하지 못한 것으로 여겨졌다.

〈미스트롯〉과 〈미스터트롯〉이 대박을 친 것은 TV에서 못 보던 가창력 좋은 트로트 가수가 많았던 게 큰 이유다. 그것도 다양한 종류의 스타일과 가창력으로. 그래서 나는 트로트 오디션 서바이벌이 좀 더 많이, 좀 더 다양하게 열리기를 제안한 바 있다. 그래야 실력 있는 신인들이 계속 나올 수 있다. 그런데 나중에는 트로트 오디션이 너무 많이 나와 식상함이 가중된 면이 있다.

내가 만약 〈미스트롯〉 PD였다면, 출연자들의 의상 스타일을 최대한 품격 있게 입고 와 달라고 요구했을 것이다. 트로트 가수라고 하면 반짝이 옷 아니면 원색 의상이 연상되곤 했다. 그런 촌스러운 좋게 말해서 서민적인 느낌을 바꿔 세련되고 품격 있는 스타일의 트로트 가수를 부각시켜 트로트의 이미지까지 바꾸고 싶었다. 하지만 〈미스트롯〉은 붉은색 드레스에 미스코리아 미인대회 콘셉트를 차용하다 보니 저급하다는 지적도 나온 바 있다.

이미자, 주현미 등 트로트 대스타들이 "나는 트로트 가수가 아니다."고 한 적이 있다. 물론 이미자는 왈츠, 스윙도 불렀고, 주현미는 발라드를 부르면 트로트 가수라기보다는 백지영이나 왁스 계열의 애절한 분위기가 났다.

트로트 가수가 트로트를 부정하는 것은 이 용어가 가진 협소함과 부정성에 있다고 본다. 그래서 트로트라고 하면 왜색이고, 반짝이 옷에 유행과 상관없는 촌스러운 모습이 연상되기도 한다. 행사를 뛰려고 노래하는 가수 같은 이미지도 있다.

트로트는 일제 강점기에는 신세대들이 부른 노래다. 1930~40년대 동아일보에는 "젊은 애들이 '저런 노래'트로트를 불러 어떻게 하겠냐." 하고 기성세대들이 탄식하는 모습의 기사가 나온다.

하지만 시간이 지나면서 그 신세대는 구세대가 돼 '도발'보다는 '체제 안정'의 이미지가 강해졌다. 대중문화란 시간이 지나면 올드해지는 것은 어쩔 수 없다. 하지만 보편적인 정서에 품격을 유지할 수 있도록 끊임없이 시도가 이뤄져야 하는 데, 트로트는 그렇지 못했다. 트로트의 단세포적인 가사들이 새롭고 품격 있게 바뀌어야 한다.

쉬우면서도 상징과 비유가 포함된 재기발랄한 가사들이 나왔으면 한다. 요즘 노래는 멜로디 못지않게 가사가 중요하다. 앨범마다 메시지를 던져 세계관을 형성하는 방탄소년단을 보면 가사 스토리텔링의 비중이 더욱 커짐을 알 수 있다. 하지만 트로트는 가사가 별로 분석 대상이 되지 않는다. 이건 가사가 쉽다는 것과는 다른 차원이다.

오래전부터 트로트를 부정적으로 보는 이유는 두 가지였다. 하나는 왜색성, 이식성이고 또 하나는 품격이 떨어진다는 것이었다. 전자는 이제 극복돼 논할 가치도 없어졌다. 중요한 것은 어디서 시작됐냐가 아니라, 우리의 정서를 얼마나 반영해 공감대를 형성하느냐다.

우리 트로트는 스탠더드 팝 등이 섞여 있어 엔카와는 많이 다르다. 시간이 흘러 장윤정의 '어머나'는 폴카 리듬의 '흥興'이 가미되며 선배의 '한恨'의 트로트와 또 다른 느낌을 줘 '네오 트로트'로 불렸다. 트로트에 록, 힙합랩, EDM, 어쿠스틱, 소울 등 다양한 장르를 결합할 수 있고, 실제로 〈트로트엑스〉, 〈미스트롯〉, 〈미스터트롯〉에서 이런 점을 보여 주었다.

트로트가 품격이 없다는 점도 동의하기 힘들다. 설령, 동의해도 좋다. 지금부터 품격을 높이면 된다. 아무 곳에서나 불린다

✦

는 점이 수준 낮다는 증거가 될 수는 없다. 오히려 보편성을 지닌 것이다. 〈미스터트롯〉을 온 가족이 함께 본다는 시청자들이 많았다. 트로트는 흔치 않은 세대 교감, 세대 통합의 노래다.

트로트 후배들은 '이미자, 나훈아, 남진, 주현미, 장윤정 워너비'가 되려고 하기보다는 독자적인 컬러로 승부를 걸어야 트로트의 다양성에 기여할 수 있다. 실제 그런 모습이 〈미스터트롯〉에서 나타났다고 생각하니 반가운 마음이다.

✦

피케팅을 부르는 임영웅 콘서트 2022~2024

콘서트명	지역	장소	기간
2024 임영웅 콘서트 [IM HERO - THE STADIUM]	서울	서울월드컵경기장	2024.5.25.~5.26
임영웅 콘서트 IM HERO TOUR 2024	고양	킨텍스 1전시장 1홀	2024.1.19.~1.21.
임영웅 콘서트 IM HERO TOUR 2024	광주	김대중컨벤션센터	2024.1.5.~1.7.
임영웅 콘서트 IM HERO TOUR 2023	대전	대전컨벤션센터 제2전시장	2023.12.29.~12.31.
임영웅 콘서트 IM HERO TOUR 2023	부산	BEXCO 제1전시장 1, 2홀	2023.12.8.~12.10.
임영웅 콘서트 IM HERO TOUR 2023	대구	EXCO 동관	2023.11.24.~11.26.
임영웅 콘서트 IM HERO TOUR 2023	서울	KSPO DOME	2023.10.27.~11.05.
임영웅 콘서트 [IM HERO] in Los Angeles	미국 L.A.	DOLBY THEATRE	2023.2.11.~2.12.
2022 임영웅 콘서트 [IM HERO] 앵콜	서울	고척스카이돔	2022.12.10.~12.11.
2022 임영웅 콘서트 [IM HERO] 앵콜	부산	BEXCO 제1전시장 1, 2홀	2022.12.2.~12.04.
2022 임영웅 콘서트 [IM HERO]	(온라인)	(온라인)	2022.8.14.
2022 임영웅 콘서트 [IM HERO]	서울	KSPO DOME	2022.8.12.~8.14.
2022 임영웅 콘서트 [IM HERO]	대구	EXCO 동관	2022.7.29.~7.31.
2022 임영웅 콘서트 [IM HERO]	인천	송도컨벤시아	2022.7.15.~7.17.
2022 임영웅 콘서트 [IM HERO]	대전	대전컨벤션센터 제2전시장	2022.7.01.~07.03.
2022 임영웅 콘서트 [IM HERO]	광주	김대중컨벤션센터	2022.6.10.~6.12.
2022 임영웅 콘서트 [IM HERO]	창원	창원컨벤션센터	2022.5.20.~05.22.
2022 임영웅 콘서트 [IM HERO]	고양	킨텍스 1전시장 1홀	2022.05.06.~05.08.

- 출처: 네이버

3

임영웅 현상이 된 팬덤

임영웅의
독특한 팬덤

지금은 영웅시대! 팬들의 영웅사랑(출처: KBS 한국방송)

임영웅에게 팬덤은 매우 중요하다. 영웅시대는 임영웅에게 가족처럼 가까이 있는 존재다. 그런데 임영웅의 팬덤은 어느날 갑자기 생긴 팬덤이라기 보다는 팬덤의 구조적 역사의 산물이다. 따라서 임영웅 팬덤을 이해하려면 팬덤의 역사부터 살펴볼 필요가 있다.

K콘텐츠의 파워가 막강해지고 있다. 글로벌 시장에서 K콘텐츠의 입지가 두터워지고 있는 데는 콘텐츠 경쟁력뿐만 아니라 문화를 성장시키고 이끌어가는 팬덤의 영향도 크다. 특정 인

물을 열정적으로 좋아하는 집단으로서의 대중들의 모임을 예전에는 팬클럽이라 칭했다. 폐쇄적이었던 팬클럽 문화가 이제는 팬덤이라는 문화로 확대되어 콘텐츠 산업을 이끌고 있다.

80년대 연예인 팬덤 분화를 처음 만든 '오빠 부대'에서, BTS 미국 진출의 일등 공신이라 평가받는 '아미A.R.M.Y., Adorable Representative M.C. for Youth', 선한 영향력을 끊임없이 확산시키는 '영웅시대'까지 우리나라 팬덤의 문화를 살펴보면 그 활동 모습 역시 빠르게 변화하고 있음을 알 수 있다.

지금의 '팬덤'은 팬클럽에서 시작했다. 92년 서태지와 아이들 팬클럽, HOT, 젝스키스 등 1세대 아이돌이 만든 팬클럽 문화를 거쳐 팬덤이라는 형태로 진화했다고 볼 수 있다. 1세대 아이돌의 팬클럽은 자신이 좋아하는 스타에게 광적이고 자신들만의 문화가 있는 폐쇄적 팬클럽이다. 소위 '빠순이'라고 불려지며 그려지기도 했다. 지금의 팬덤은 스타를 함께 만들어 간다는 파트너 느낌이다. 내가 좋아하는 스타의 가치를 위해 목소리를 내는 문화다.

90년대 당시만 해도 문화적으로도 아이돌을 가수로 인정하지 않는 분위기가 있었기 때문에 팬클럽에 대한 부정적인 인식이 더 많았을 것이다.

90년대 중후반부터 HOT, 젝스키스, S.E.S.Super Emotional Sound, 핑클이 나타나면서 아이돌 그룹이 본격화됐다. 당시 아이돌은 라이브가 아닌 립싱크를 한다는 점에서 가수나 아티스트로 생각하지 않는 분위기에서 이들을 따라다니는 10대 팬들의 활동을 곱게 봐 줄 리 없었다. 부모님은 그런 딸을 한심하게 생각했다. 커서 뭐가 되려고 그러지 하면서 혀를 차는 기성세대도 있었다. 이런 팬클럽의 부정적인 인식을 긍정적으로 바꿔 놓는 데에는 tvN 드라마 〈응답하라〉 시리즈가 크게 작용했다. 감성 복고 드라마 〈응답하라 1997〉은 2012, 〈응답하라 1994〉는 2013, 〈응답하라 1988〉은 2015년에 각각 방송돼 큰 인기를 끌었는데, 1997과 1994의 여주인공은 H.O.T의 광팬인 정은지 성시원 분다.

그 여학생은 팬픽을 쓰면서 주위의 따가운 시선에도 불구하고 팬클럽 활동을 열심히 한 결과 글쓰기 실력을 무기로 토니안이 재학 중인 대학교의 국문과에 진학하고 결국 방송 작가라는 직업을 가지게 됐다. 함께 팬 활동을 했던 친구들도 모두 그때 했던 각자의 역할이 바탕이 돼 야구장 아나운서, 큐레이터 등으로 직장을 구할 수 있었다. 〈응답하라〉 시리즈는 빠순이 박순희 문화로 낮게 평가한 팬클럽 활동에 무한 지지를 보내며 긍정적 인식을 제공하는 데 큰 역할을 한 셈이다.

실제로 엔터테인먼트 매니지먼트 사나 콘텐츠 제작 사에는 과거 팬클럽 시절 간부 활동을 한 사람들이 CEO나 임원들이 많다는 점에서 현재의 시점에서 과거를 바라보는 '응답하라'의 시선은 적중한 셈이다.

『팬덤 3.0 시대』신윤희, 2019에 따르면 팬덤의 진화 과정을 1~3세대로 구분하면서 1세대는 추종자, 2세대 고객님, 3세대는 기획자·전략가·홍보 마케터라고 했다. 1세대는 기획사에서 만들어진 스타를 좋아하며 따르는 팬이라면 2세대는 구매력을 갖춘 고객으로서의 팬으로, 이때 조공 문화가 생겼다는 것. 3세대 팬덤은 스타에 대해 열광과 동경만 하지 않고 거래하고 관리하는 '애정'이라는 것. 이들 새로운 팬덤은 스타를 위해 '총공

& 스밍총공격&스트리밍'만 하는게 아니고, 기획하고 양육하는 팬덤으로 새로운 소비자라고 할 수 있다. 내가 길러냈다고 생각하므로 간섭 팬덤 성격을 띤다. 나는 이를 모성애 팬덤, 일명 감놔라 배놔라 팬덤이라고 부른 바 있다.

이들은 기획자, 전략가, 홍보 마케터 역할까지 맡는 셈이다. 이런 육성 팬덤은 음악 산업을 크게 변화시킨다. 이들 팬덤 간의 상호 작용으로 아티스트의 가치가 올라가는 게 요즘 음악 산업의 특징이다. 임영웅 팬덤은 3세대 팬덤의 성격을 강하게 보여준다. 그렇게 해서 이제는 제작사-가수-팬덤 이렇게 세 영역이 삼각형의 꼭지점을 이루면 '체크 앤 밸런스견제와 균형'를 이뤄가는 소통을 하며 스타의 건강한 이미지와 가치를 만들어 가는 상황이다. 한마디로 산업에서 담당하던 콘텐츠 제작에 팬덤이 열성적으로 참여하는 등으로 영역을 넓히고 있다. 이렇게 해서 임영웅 팬덤은 임영웅의 가치를 더욱 높이고 있다.

팬덤은 기존 콘텐츠를 중심으로 새로운 콘텐츠를 재생산하는 역할도 하고 있다. 팬덤의 2차 생산물이 나오게 만드는 환경 중에는 숏폼 제작, 지하철역 광고, 만화, 게임 등이 있다. 임영웅

✦

팬덤은 이런 활동을 활발히 하고 있다. 임영웅의 공연이나, TV 출연 장면을 바탕으로 팬덤이 새롭게 가공한 수많은 리액션 동영상이 제작돼 임영웅의 생각과 모습을 널리 퍼뜨리는 데 기여한다.

팬덤은 또한, K팝 프로듀싱 마저도 변화시키고 있다. 김진우 RBW 공동 대표가 한국콘텐츠진흥원이 주관한 2022 스타트업콘에서 발표한 내용이다. 1단계로 90년대와 2000년대 초반까지는 음악 매니저가 프로듀싱을 했다. 예를 들면 조성모 음반은 소속사 사장이었던 김광수 대표가 프로듀서였다.

그러다 2000대 중반부터 2010년대 말까지는 2단계인 전문 작곡가, 아티스트들이 프로듀싱을 맡았다. 김창환, 김형석, 주영훈, 박근태, 윤일상, 김도훈 등 작곡가들이 프로듀서로 활약했다. 그 이후부터는 팬 전문가 프로듀싱으로 변화됐다는 것이다.

팬 전문가 프로듀싱은 댓글을 읽는 프로듀서라는 뜻이다. 노래를 만들면서 팬덤의 말에 반응하고 반영도 하는 시대다. 팬 전문가 프로듀서가 작곡가를 고용하는 형태다. 이런 예는 걸그룹 뉴진스의 소속사인 어도어 민희진 대표 이사가 작곡가로 음악 장르 믹싱의 대가인 '250'을 고용하는 경우다. 이때 그룹 뉴진스의 총괄 프로듀서는 민희진 대표이지만 앨범의 메인 프로듀서는 음악 장르 믹싱의 대가인 '250'이 된다.

"전 세계 K팝 팬들의 90%, 아이돌 기획사에 기후 행동 원한다."는 제목의 기사를 보신 분이 많을 것이다. 스타의 이름으로 나무를 심고, 숲을 조성한다. 탄소 중립 이슈에도 팬덤이 나선다. 이제 스타 팬덤이 ESG Environmental 환경, Social 사회, Government 지배 구조 경영에도 적극적으로 관여한다. 글로벌 팬들이 세계 각지 특정 지역에 K팝스타 이름이나 노래 뒤에 붙여 '○○○포레스트숲'라고 이름 붙이기도 한다.

숲 조성, 탄소 중립 이슈 등 아티스트의 가치를 만드는 데에는 팬덤이 앞장선다. 유저 참여형 P2C Play to Create 생태계가 구축되면서 새로운 창작자 경제가 활성화될 것으로 보고 있다.

지속 가능한 K팝을 위해 탄소 배출을 줄이자는 운동을 팬덤이 전개한다. 음반을 친환경 소재로 제작하고 재생 가능한 제품으로 제작한다. 음원 스트리밍 서비스에 재생 에너지를 100% 사용할 것을 요구한다.

+

자신의 최애, 인종, 지역, 언어, 성별, 신념, 나이를 넘어 기후 위기에 진심인 K팝 팬이라면 누구에게나 열려 있는 자발적인 단체인 케이팝포플래닛은 "죽은 지구에 K팝은 없다"는 캠페인을 전개한다.

이런 팬덤들은 규모가 아닌 가치, 특히 이용자 가치와 연결, 참여, 세분화, 공감하는 등 시대에 더욱 큰 가치를 만들어 낸다. 임영웅 팬덤에서 이런 일을 다하고 있지는 않지만, 앞으로도 가치 생산의 무한 확장 가능성을 보여 주고 있는 건 사실이다. 산업화 시대에는 '이익'을 창출하는 연예인이 떴고, 디지털 시대에는 '가치'를 창출하는 연예인이 뜨는데, 이런 변화에는 팬덤이 가장 큰 영향력을 발휘한다. 이처럼 팬덤이 문화 산업음악 산업에 지대한 영향을 미친다. 팬덤 변화를 보면 점점 더 올바른 소비로 가는 소비자 인식 변화 방향을 알 수 있다. 또한 팬덤의 영향력은 갈수록 커져감을 알 수 있다.

앞으로 팬덤 문화는 콘텐츠 시장에 어떤 영향을 미칠까? 한마디로 팬덤 시장은 더 커질 수밖에 없다. 이유는 팬덤 내에 콘텐츠 양과 이슈가 방대하며, 사업 아이템도 다양하기 때문이다.

스타도 소속사기획사도 이제 팬덤을 제3의 기획자로 인식한다. 소속사가 없는 가수는 팬덤에서도 음반을 제작할 수도 있는 상태다. 과거에는 막연한 다수 팬들을 상대로 마케팅을 했고 팬미팅도 무료로 진행할 수밖에 없었다. 이제 소수라도 '찐팬'으로 이루어진 팬덤을 향해 구체적인 마케팅을 펼치는 것이 문화 소비와도 직결되는 부분이며, K-콘텐츠 시장을 국내와 국외로 더욱 확장할 수 있는 방법이다. 우리 문화 산업 발전과 다양성에는 팬덤을 어떻게 활용하느냐에 상당 부분 달려 있다. 임영웅 팬덤도 이런 관점에서 볼 때, 영웅시대 팬덤이 어떻게 진행돼 나갈지 자못 궁금하다.

오랜 기간 대중음악 기사를 쓰다 보면 팬들의 e메일을 받게 된다. 요즘은 그들 대부분이 40~50대 여성이다. 〈미스(터)트롯〉이나 〈팬텀싱어〉 때도 그랬다. 임영웅, 영탁, 김호중, 송가인, 유채훈, 존노, 길병민, 라포엠, 라비던스, 레떼아모르 기사에 '좋아요'를 누르는 사람들이다. 방탄소년단 팬인 '아미' 중에도 40~60대 여성들이 적지 않다.

요즘은 포털 연예 기사 댓글이 사라졌지만, 내가 쓴 음악 기사에 댓글을 다는 층도 40~60대 여성이 압도적으로 많다. 가수들을 향해 '덕질'하는 이들은 40대부터 60대까지 다양한 중장년으로 구성돼 있지만, 핵심은 40대 여성이다.

이들은 직장에서 팀장 정도의 직책을 가지고 있고 자영업자도 많다. 업무에서 전문성을 확보한 이들은 팬 활동도 효율적으로 펼치고 있다. 10대들의 덕질과는 많이 다른 양상이다. 팬카페에서 어떤 행동을 해야 할 필요성이 생기면, 기업의 홍보팀장, 디자인팀장, 법무팀장 등으로 근무하는 팬들이 신속히 자원하는 구조다. 거의 모든 활동은 모바일을 통해 이뤄진다. 중년 팬들은 모바일을 통해 '유튜브' 등에 접근하는 데 익숙하다.

이들 팬들은 전술했듯이 기획자, 전략가, 홍보 마케터다. 자신의 스타와 관련해 고소할 일이 생겨도 차분하게 접근한다. 자식을 키워 본 경험이 있어 가수를 '양육'하는 데도 이미 전문가다. 이를 위해 지갑도 과감하게 연다. 덕질하는 대상스타을 위해 집도 사줄 정도의 기세다. 스타의 계약 문제만 해결되면, 앞으로 팬덤 내부에서 직접 음반을 제작하는 모습도 볼 수 있을 것 같다.

✦

중년들이 지금까지 주로 해온 일은 돈벌이가 중심이었다. 하지만 팬 활동은 돈을 쓰면서 해야 한다. 그런데도 재미가 쏠쏠하다. 이를 통해 새삼 자신들의 존재 가치를 느끼고, 사라진 줄 알았던 열정이 되살아나는 경험을 하고 있다. 스타 이름으로 기부도 하고 봉사 활동에 나서며 팬 미팅에도 참가한다.

KBS 〈겨울연가〉가 2003~2004년 NHK에서 방송되자 일본 중년 여성들이 마치 대동단결하듯이 뛰쳐나왔다. 당시는 도쿄 시부야 등이 10대들의 천국이 돼 있었고, 중년들이 대중문화에서 철저히 소외돼 있을 때다.

TV조선 〈미스터트롯〉이 KBS도 못한 일을 해낸 것도 새로운 소비자들을 유입시켜 새로운 팬덤을 형성하게 한 것이다. 능동적인 소비를 하는 '팬슈머'인 이들은 음악 산업에도 지대한 영향을 미치며 소비 지형도를 바꿔 나가고 있다. 〈미스터트롯〉으로 돈을 벌게 된 무명 트로트 가수가 적지 않다. 고용 창출 효과가 대단하다. 대중문화 시장은 앞으로도 40~60대 여성을 주목해야 한다. 그 중심에 임영웅 팬덤이 있다.

임영웅, 선행과 미담 진원지…
선행 선순환 구조

▲
임영웅 '일편단심 민들
레야' (출처: TV조선)

가수 임영웅은 선행과 미담의 진원지다. 임영웅의 선행은 영웅시대를 통해 확산된다. '영시'의 선행이 임영웅의 선행에 자극을 주기도 한다. 이는 끝도 시작도 없이 끊어지지 않고 연결되어 있는 선행의 뫼비우스 띠이며, 선행의 선순환 구조를 만들어 내고 있다.

임영웅은 끊임없이 선행을 펼치고 있다. 2023년 4월에는 더욱 뜻깊은 선행 소식이 전해졌다. 부산 뇌성마비 축구팀 선수들에게 축구화를 선물하며 선한 영향력을 전한 것. 임영웅은 이들에게 축구화뿐 아니라 희망까지 선물한 셈이다. 이 팀은 임영웅이 선물한 축구화를 신고 우승해 더욱 감동을 주었다.

이는 부산 뇌성마비 축구팀 코치이자 임영웅과 군대 선후임 관계이면서 동갑인 친구 김동은 씨가 영웅시대 카페에 글을 올림으로써 알려지게 됐다.

영웅의 부산 친구인 김동은 씨는 "제가 2년 만에 다시 영웅시대 카페에 글을 쓰게 된 이유는 영웅이 덕분에 좋은 성과를 덤으로 얻게 되어 이번 선행을 영웅시대 여러분께는 꼭 알려 드리고자 찾아 뵙게 되었습니다"라면서 "저는 현재 재능 기부로 부산장애인축구협회 이사 그리고 부산 뇌성마비 축구팀 코치직을 겸직하며, 제가 가진 역량을 축구를 통해 '같이'의 가치를 우리 선수들에게 지도 편달하고 있는 감성 지도자입니다"라고 밝혔다.

이어 2022년 12월 25일 임영웅에게 전화를 받았다고 했다. 임영웅이 전했던 말의 내용은 대략 이러했다.

"나영웅는 현재 환경 및 정서적으로 힘들어하는 분들에게 힘이 되고자 노력하고 있는데, 순간 주변을 둘러보니 네김동은가 보이더라. 네가 걸어가고 있는 길장애인 축구에 힘이 되어 주고 싶다. 아무래도 네가 잘하고 있지만 재능 기부만으로는 멈칫할 수 있는 장벽이 있을 때 비록 몸은 떨어져 있지만 마음만은 누구보다 가까이 있으니 부담 갖지 말고 말해 주었으면 좋겠다. 그것이 물품이라면 직접 가져다주진 못할 순 있지만 곧 스케줄 조율이 되면 선수들과 호흡도 같이하고 도움이 되고 싶다."

김동은 씨는 임영웅의 이런 말이 너무 고마웠지만 친구에게 신세를 지는 것 같아 조심스러워하고 있었다고 한다. 그러다 2023년 3월, 임영웅과 연락을 하며 메시지를 주고받던 중 선수들과 함께 운동장을 뛰고 싶은 의미와 현 시점에서 제가 추구하는 같이의 가치를 가장 이상적으로 잘 표현할 수 있는 선물인 축구화를 선수들에게 전달하고 싶다는 이야기로 이어졌다고 한다.

"최고급 축구화와 더불어 선수들에게 보내는 응원 사인까지 손수 보내준 영웅이. 감성 장인은 다르긴 다르네요."

임영웅의 응원에서 시작된 2023년 첫 대회이자 뇌성마비 축구계에 메이저 대회로 알려진 본죽컵 대회 본죽컵 제 27회 전국뇌성마비인 축구대회가 개최됐다.

김동은 씨는 공교롭게도 임영웅이 올해부터 메인 모델로 활동한다고 해 더욱 '우승'이라는 타이틀을 차지하고 싶었다고 한다. 순탄하게 8강, 4강선을 승리로 장식하고 결승 무대에 올랐다. 상대는 전국 뇌성마비 축구팀의 유일한 실업팀으로, 지난 3년간 자신의 팀을 우승 문턱에서 좌절시켰던 강호였다. 하지만 결국 상대를 꺾고 우승했다.

김동은 씨는 "이번 우승으로 뇌성마비 축구계에 유일한 실업팀을 상대로 승리한 역사의 첫 페이지를 장식했음과 더불어, 군 생활 이후로 영웅이와 함께한 첫 프로젝트?!이기에 더욱 값진 승리가 아니었나 생각된다."고 전했다.

"영웅아, 아주 기가 막혔제~?ㅋㅋㅋㅋㅋ"

김동은 씨는 "끝으로 영웅이의 따스한 마음이 불어온 봄 내음

✦

처럼, 이번의 선한 영향력이 앞으로 어떻게 진한 향기로 가득 메울지 벌써부터 기대가 됩니다. 앞으로도 제 친구 많이 사랑해 주시고 응원해 주시면 감사하겠습니다."라고 마무리했다.

이어 P.S.에 "영웅아 미안, 비밀로 하기로 한 약속을 못 지켰다. 이번 선행을 비밀로 하기에는 입이 간질간질해서 도저히 못 참겠더라ㅋㅋㅋㅋㅋ. 그럼 건행^^ㄱ"이라고 썼다.

임영웅의 선행 중 한 예를 소개한 것이지만, 제대로 선행을 한다는 생각이 든다.

전국에 있는 임영웅 팬들도 선행과 봉사 소식을 전한다. 나는 이들이 사진과 함께 작성해 보내 주는 보도 자료를 가급적이면 기사화하려고 한다. 이들은 추운 겨울이면 쪽방촌의 이웃들에게 도시락을 나눠 주고 연탄을 배달하고, 김장을 한다.

"나와 내 가족이 잘 먹고 잘 사는 일도 행복이지만, 그 행복을 조금씩 나누는 십시일반十匙一飯, 열 사람이 한 수저씩 덜어내 한 사람의 밥을 만들어내는 것은 얼마나 아름다운 일인가요?"

✦

성경에는 '오른손이 하는 일을 왼손이 모르게 하라'라는 말씀
이 있지만, 좋은 일이라면 알게 하는 게 좋다고 본다. 전염성
이 있기 때문이다. 나는 아침마다 영웅시대 전국 지부의 나눔
모임에서는 또 어떤 선행을 했을까 하고 궁금증을 가진 채 메
일을 열어 본다.

"우주 최강 히어로로 빛나는 아티스트 임영웅과 영웅시대는 선
한 영향력으로 따뜻하고 맑은 세상을 만들어 갑니다."

'임영웅 콘서트' 눈물바다 만든 80대 팬, 나문희

▲
임영웅 자작곡
'모래 알갱이'
(출처: MBCkpop)

임영웅은 가요계에 들어온 이후 음악과 공연에서 새로운 문화를 대거 만들어 냈다. 임영웅에 대한 유튜브 영상에도 임영웅이 만들어낸 새로운 문화가 공개되고 있다.

첫째, 콘서트 문화를 한 단계 업그레이드시켰다. 많은 스태프를 동원해 어르신들을 위한 배려가 특별하다. 둘째, 미담 제조기다. 셋째, 트로트에 이어 다양한 장르를 소화하며 아이돌 차트까지 점령했다. 넷째, 과거에 볼 수 없었던 폭발적인 중장년 팬덤을 형성했다.

✦

미담은 그냥 나오는 게 아니다. 그냥 나온 건 문화라 할 수 없다. 임영웅이 만들어 내고 있는 미담은 임영웅 공연 시스템과 문화에서 나오는 현상이다.

임영웅은 2022년 7월 15~17일 열렸던 '2022 임영웅 콘서트 'IM HERO' 인천 콘서트'에서 87세 관객 A씨가 공연을 보다 어지러움증을 느끼고 쓰러지자 임영웅 측 관계자가 병원에 동행했고, 치료비까지 대납했다는 사실이 오랜 시간이 지나서 알려졌다.

이 관객 A 씨가 9개월 후 임영웅의 시축이 있었던 2023년 4월 8일, 상암 서울월드컵경기장을 찾아 〈백은영의 골든타임〉 채널과 인터뷰를 하면서 밝혀졌다.

당시 임영웅 측 관계자는 A씨가 진료와 처치를 받았던 인근 응급실에 동행했고, 진료를 마친 후 10만 원대의 치료비도 내줬다고 한다.

10만 원대는 큰 돈은 아니지만, 평소 콘서트에서 관객 안전을 최우선으로 삼아 온 임영웅의 소신이 바탕이 된 것이다. 또한 당시는 시간을 다투는 상황인 만큼 임영웅 측의 발 빠른 대처가 큰 도움이 됐다고 한다. 이런 것은 평소 안전에 대한 인식과 대처 방안이 몸에 배어 있어야 가능한 것이다.

FC서울과 대구FC 경기에 시축자로 나선 임영웅은 축구장 잔디 보호를 위해 축구화를 신고 등장해 아이돌 댄스를 췄다. 팬클럽 영웅시대는 경기가 끝난 후 청소를 하고 말끔하게 뒷정리까지 하고 경기장을 떠났다. 역시 그 스타에 그 팬클럽이다. 우리는 이런 현상을 두고 스타의 선한 영향력이라고 말한다. 임영웅의 이런 미담은 남을 이롭게 하고 특히 약자를 도와 주는 선한 마음을 확산시키는 선순환을 유도한다.

이날 경기 하프타임에는 임영웅이 'HERO'와 'After LIKE'로 공연을 펼쳤는데, 이 영상은 공개 나흘 만에 200만 뷰를 돌파하기도 했다.

임영웅은 가수가 되기 전 축구 선수로 활동하기도 해 축구에 대한 사랑이 유난하다. 이날 임영웅은 시축 행사 거마비도 사

✦

양한 채, 시축 행사와 공연은 모두 임영웅 측에서 부담했다.

2024년 1월 7일, 임영웅 '아임 히어로IM HERO' 전국 순회 콘서트가 열린 광주광역시 서구 김대중컨벤션센터에서 관람객 A씨50가 콘서트 대기 중 의식을 잃고 쓰러졌을 때도 임영웅 공연 시스템은 즉각 가동되었다. 현장에서 즉각 119 상황실로 신고했고, 지병으로 협심증을 앓던 A씨는 출동한 소방 당국의 응급조치를 받은 뒤 병원으로 이송돼 의식을 회복했다. 임영웅은 이 관객에게 진료비 일부를 지원했다. 이 사실은 A씨 자녀가 SNS에 "어머니가 콘서트 도중 쓰러진 것도 아닌데 임영웅 측에서 진료비 20만 원 중 일부를 지원해 줬다. 어머니를 챙겨 주셔서 감사하다."라고 밝힘으로써 널리 알려졌다.

이쯤 되면 임영웅이 있는 현장에서 미담이 계속 나오는 이유를 알 만하다.

임영웅 콘서트에서는 또 색다른 미담이 전해지기도 했다. 2024년 1월 21일 일산 킨텍스 1전시장 1홀에서 임영웅 전국 투어 콘서트 '아임 히어로IM HERO' 고양 공연이 열렸다. 공연 중에는 '영웅시대임영웅 공식 팬덤명'의 사연을 토대로 만들어지는 임영웅 콘서트 속 작은 코너인 '임영웅의 스페이스'가 진행됐다.

자신을 '일산에 사는 호박고구마'라고 밝힌 한 사연자가 "나이는 82세인데 아직 일을 하고 있다. 오랫동안 지방에 일이 있어 내려갔다가 남편이 보고 싶어서 전화를 걸었더니 넘어져서 이마를 다쳤다고 하더라."고 전했다.

이 사연자는 남편이 병원에 입원했지만 결국 건강을 되찾지 못하고 먼저 하늘나라로 떠났다고 밝히며 사별한 남편에 대한 애틋한 감정을 전했다. 하지만 사연자는 그 후 임영웅의 노래를 들으며 깊은 위안과 위로를 받아 감사의 인사를 건네고자 사연을 보낸다고 했다.

이 사연을 들으면서 큰 감동을 받은 임영웅은 "저의 노래로 위로를 받고 계신다고 하니 저도 마음이 뿌듯하다. 이렇게 와 주셔서 너무 감사하다."라고 말하자 사연의 주인공 얼굴이 큰 화면에 공개되면서 또 한 번 놀랐다.

✦

사연의 주인공은 바로 배우 나문희였기 때문이다. '호박고구마'는 나문희가 출연했던 MBC 시트콤 〈거침없이 하이킥〉에서 며느리인 박해미와 말다툼하며 했던 말로 유행어가 됐다. 이날 공연에는 영화 〈소풍〉의 주역 나문희, 김영옥 그리고 김용균 감독이 관객으로 함께 방문했다.

나문희는 두 팔을 머리 위로 올려 하트 모양을 그려 관객들에게 인사를 전했다.

이날 콘서트 현장은 나문희의 사연에 감동한 관객들로 눈물바다를 이루기도 했다. 이렇게 임영웅 콘서트장은 사람 사는 이야기도 있고 미담과 감동도 있다.

나문희는 2024년 1월 24일 방송된 tvN 〈유퀴즈 온 더 블록〉에 출연해, "영화 〈소풍〉을 부산에서 찍었는데, 남편을 동생과 딸들한테 맡겨 놨다. 촬영이 끝나고 오는 날 내가 "당신 나가서 운동 좀 해. 그래야 나랑 내일 또 운동하지."라고 말했는데, 그날 남편이 운동을 하러 갔다가 넘어져 뇌 수술을 했다."라고 털어놔 남편이 숨진 사실에 대한 죄책감을 드러내기도 했다.

그게 왜 나문희의 잘못이겠는가. 돌아가신 남편이 너무 그리워서 한 말일 것이다.

나문희, 김영옥과 임영웅의 인연은 여기서 끝나지 않았다. 60년 우정을 자랑하는 두 원로 배우가 주연으로 출연한 영화 〈소풍〉에 임영웅의 자작곡 '모래 알갱이'가 OST로 삽입됐다. OST 수익 전액은 부산 연탄은행에 기부됐다.

2024년 2월 7일 설 연휴에 개봉한 영화 〈소풍〉은 한 편의 영화를 통해 음악과 문학까지 다양한 예술가의 협업으로 세대 통합을 완성한 특별한 제작 히스토리를 공개해 눈길을 끌었다.

개봉 전부터 임영웅의 노래가 영화에 최초로 삽입되어 화제를 모은 〈소풍〉은 절친이자 사돈 지간인 두 친구가 60년 만에 함께 고향 남해로 여행을 떠나며 16살의 추억을 다시 마주하게 되는 이야기이다. 이 영화에 임영웅의 자작곡 '모래 알갱이'뿐만 아니라 나태주 시인의 손글씨 타이틀과 헌정시 또한 함께하게 됐다.

임영웅의 노래가 영화에 등장하는 것은 〈소풍〉이 최초의 사례다. 임영웅의 두 번째 자작곡 '모래 알갱이'는 서정적인 가사와 임영웅이 직접 분 휘파람이 영화의 분위기와 어우러져 나문희, 김영옥 배우의 절제된 감정이 관객들에게 전달되는 순간, 최고조에 다다른 감동을 느끼게 하는 역할을 한다.

〈소풍〉의 부산국제영화제 출품을 위해 편집을 마무리하던 중 우연히 '모래 알갱이'를 듣게 된 감독과 제작진이 노래와 영화가 잘 어울린다고 생각하였고, 임영웅의 소속사인 물고기뮤직 측에 요청했다. 이에 물고기뮤직은 임영웅과 상의해 〈소풍〉이 담고 있는 작품의 취지와 팔순에도 현역으로 활동하는 주연 배우 세 분에 대한 존경심의 표시로 흔쾌히 사용을 승낙했다.

〈소풍〉의 오프닝 타이틀에는 '풀꽃 시인'이라는 애칭과 함께 국민 시인으로 불리는 나태주 시인의 손글씨가 제목으로 등장한다. 〈소풍〉에서 김영옥 배우가 연기하는 '금순'은 독학으로 글을 배워 달력 뒤에다 시를 쓰며 문학적 감성을 담았고, 나태주 시인이 큰 병을 겪고 기적처럼 회복한 후 인생을 돌아보며 써 내려간 에세이 『약속하건데, 분명 좋아질 거예요』의 오디오북 내레이터를 맡았던 김영옥 배우는 촬영 마지막 날 모든 스태프에게 나태주 시인과 함께 출간한 이 책을 선물로 주기도 했다.

이후 제작진은 나태주 시인과 영화 〈소풍〉 또한 인연이라고 생각되어 만남을 청하였고, 나태주 시인은 〈소풍〉 낙관과 함께 '하늘창문'이라는 시도 헌정했다. 또, '소풍'의 뜻풀이로 '잠시 바람을 쐬며 야외를 거닐면서 휴식을 취하는 일'이라며 우리네 인생을 '소풍'이라는 관점으로 작품을 해석해 주기도 하였다.

한편, 이들이 〈소풍〉으로 함께 하기 이전에 임영웅이 나태주 시인의 시 한편에 감명받아 '모래 알갱이'의 노랫말을 완성하게 되었다고 전해졌다. '모래 알갱이'는 임영웅이 직접 작사와 작곡에 참여한 자작곡으로, 나태주 시인의 시집에서 영감을 받고, 예능을 찍기 위해 갔던 미국 LA에서 가사를 썼다. LA 근교 해변에서 노래를 부르는 뮤직비디오를 보면 임영웅이 노래로 사람들에게 위로와 희망을 전하고 싶은 따뜻한 마음을 읽을 수 있다.

✦

평소 가수 임영웅에 대한 팬심이 크다고 알려진 김영옥 배우와 나태주 시인의 인연 등은 이들의 우연을 더욱 특별하게 만들며 진심이 가득한 영화로 인상을 남겼다.

나문희와 김영옥은 예능 프로그램에 출연해, 음악을 영화 OST로 사용하게 해준 임영웅에게 거듭 감사의 인사를 전했다. 두 사람은 "딱 우리 이야기 같다. 가사가 너무 좋다"고 했다. 김영옥은 "임영웅은 우리 마음의 왕"이라고 했다. 이어 나문희가 "나도 임영웅의 팬이 됐다."고 말하자 임영웅 골수 팬인 김영옥은 "임영웅 안 좋아하면 사람도 아니지."라고 말해 빵 터졌다. 김영옥은 또 다른 예능 프로그램에서는 "임영웅의 OST 사용에 대해 고마웠다. 생각지도 않았다. 나를 생각하고 노래를 해 줬다고 생각한다."라고 팬심을 드러내기도 했다.

4

음원에도 강한
임영웅의 노래와 앨범들

임영웅, 생애 첫 정규 앨범 〈IM HERO〉 공개

임영웅 정규 1집의 '아 비앙또(A bientot)' (출처: Nice pick TV)

트로트는 자신의 노래가 없는 가수가 많다. 음반 판매보다는 행사 수익에 더 초점이 맞춰져 있기 때문이다. 따라서 트로트 가수는 싱글 음반, 디지털 싱글 발매는 제법 있어도 정규 음반을 발매하는 가수는 많지 않다.

하지만 임영웅은 2020년 〈미스터트롯〉에서 스타가 되고 나서 자신의 곡을 가지는 것을 중요 과제로 삼았다. 그로부터 불과 2년 후데뷔 6년 임영웅이 정규 음반을 내놨다는 점은 큰 의미를 갖는다.

임영웅은 2022년 5월 2일 오후 6시 생애 첫 정규 앨범 〈IM HERO 아임 히어로〉를 공개했다. 이 음반의 선주문량은 100만을 돌파했으며, 하루 만에 94만 장 한터차트 2일 오후 11시 10분 기준이 판매되며 솔로 가수 음반 초동 역대 1위를 기록했다.

총 12곡으로 구성된 수록곡에는 사람 이야기와 사랑 이야기, 세상 이야기가 고스란히 담겨 있고, 곡마다 유기적으로 스토리가 이어진다. 첫 트랙부터 마지막 트랙까지 한번에 듣는 것을 추천한다고 한다.

임영웅 소속사 물고기뮤직 측은 "트랙 순서 배열 고민만 수개월을 했다."면서 "정규 앨범이 흔하지 않은 지금, 정규 앨범만의 매력과 만든 이의 마음이 전 트랙에 녹아 있다."라고 전했다.

"한 장르에만 국한된 가수가 아니라 다채로운 장르를 보여드리고 싶었습니다. 그런 노래들로 팬과 대중에게 가까이 다가갔으면 했습니다."

임영웅은 데뷔 6년 만에 내놓은 첫 정규 음반과 때맞춰 지난

✦

2022년 5월 2일 온라인으로 가진 기자 간담회에서 중점을 둔 부분을 이렇게 설명했다.

임영웅은 "다 만들었다가도 부족하다는 생각이 들어 다시 처음으로 돌아가는 상황도 많았다."면서 "완벽한 만족은 없지만 최선을 다했기에 그래도 좀 만족스럽다고는 할 수 있다."고 했다. 이어 "임영웅의 영웅은 누구인가"라는 질문에는 "영웅시대 팬덤 가족 여러분"이라고 답했다.

〈IM HERO〉의 타이틀곡 '다시 만날 수 있을까'는 가수 이적이 작사와 작곡에, 정재일이 스트링 편곡에 참여한 감성 발라드다. 특히 한층 더 짙어진 임영웅의 고품격 감성과 누구나 공감 가능한 가사가 듣는 순간 대중을 매료시킨다. 음악을 들어봤더니, 강함과 부드러움이 조화를 이루고 있었다.

"이적 선배님과 장시간 얘기를 나눴어요. '다시 만날 수 있을까'를 처음 들었을 때 여운이 길었습니다. 정재일 님의 스트링 편곡에 감동이 더해져 행복했어요. 잘 부르기 위해 노력했습니다. 파리에서 찍은 뮤직비디오도 잘 봐주시기 바랍니다."

✦

타이틀곡을 제외한 수록곡들도 쟁쟁했다. 설운도가 작사, 작곡한 '사랑해요 그대를'과 자전거 탄 풍경 밴드의 송봉주가 작곡한 '연애 편지'도 귀에 쏙쏙 들어왔다. 박상철, 딕펑스 김현우, 윤명선 등 화려한 참여진이 작사와 작곡, 편곡에 힘을 보탠 다양한 곡들이 골라 듣는 즐거움을 선사했다.

수록곡 중에는 '우리들의 블루스'도 있는데, tvN 드라마 〈우리들의 블루스〉에서 먼저 공개되면서 하루 만에 유튜브 조회수 100만 뷰를 달성했다. 제주에서 촬영된 드라마 〈우리들의 블루스〉는 여러 차례 봤는데, 볼수록 임영웅의 OST가 드라마의 분위기와 잘 어울린다는 생각이 들었다. 임영웅은 KBS 주말극 〈신사와 아가씨〉에서도 OST를 불러 특유의 섬세한 감성으로 담백한 매력을 자랑한 바 있었다.

이번에도 2022년 4월 16일 방송된 〈우리들의 블루스〉 3회에 노래가 삽입됐다. 동창 최한수차승원 분에 대한 오해로 괴로워하는 정은희이정은 분와 해외에 있는 아내와 영상 통화하며 더 나은 미래를 약속한 채 눈물을 흘리는 최한수의 모습이 나오는 장면에 흘러나왔다.

짙은 감성이 묻어난 임영웅의 OST는 배우들의 명품 연기와 더해져 극의 몰입도를 배가시키기에 충분했다. 임영웅은 "드라마가 노래와 잘 어우러지면 감동이 배가된다는 걸 알게 돼 좋은 계기가 되면 앞으로도 참여하겠다."라고 드라마 OST에 대한 애정을 밝혔다.

임영웅은 타이틀곡 외에 특별히 아끼는 곡으로 '사랑해 진짜'를 꼽았다. 그는 "지난 해 2021 KBS 단독쇼 〈위 아 히어로 We're HERO 임영웅〉에서 선보였던 노래"라며 "달달한 가사와 말랑말랑한 멜로디가 언제 들어도 러블리한 노래"라고 소개했다.

임영웅의 가수로서의 매력은 과장 없이, 기교 없이 강약과 완급 조절로만 불러 필요한 만큼만의 감정을 사용하는 점이다. 여기서 여백 활용의 묘미가 발휘되기도 한다.

'바램', '보라빛 엽서'를 이미 그렇게 불렀고, 정규 앨범의 '우리들의 블루스'에서는 '잊지는 말아요 / 그댈 위해 노래할게요' 하고 툭 던지듯이 불러 담백하고 진솔한 느낌으로 와닿았다. 심지어 'I'm Not The Only One' 같은 영미 팝을 부를 때도 이런 기조를 유지해 감정을 짜내지 않고 절제하며 부르는 게 매우 인상적이었다.

임영웅은 여세를 몰아 2022년 5월 6일부터 고양을 시작으로 전국 투어 콘서트를 개최했다. 임영웅 콘서트는 표를 구하기 힘들어 '피케팅'으로 불린다. 그는 "스케일과 내실을 갖춘 콘서트를 준비했다."면서도 "표를 구하지 못한 분들은 너무 슬퍼하지 말라."고 전하기도 했다. 이어 "앞으로 기회가 또 있을 것"이라고 약속하며 "코로나가 완화되고 있는데, 떼창 등으로 팬들과 함께하고 싶다."라고 말했다. 임영웅은 그 약속을 지켰다.

임영웅 노래는
왜 음원에도 강한가

▲
임영웅이 황윤성과 부른 '데스파시토'(출처: 미스&미스터트롯)

〈내일은 미스터트롯〉에서 진眞을 차지한 임영웅의 존재는 매우 중요하다. 기존 트로트에서 없던 문화를 임영웅이 만들어 내고 있기 때문이다.

〈미스터트롯〉이 대박을 친 것은 트로트의 신파성을 조금 걷어 내고 트로트 영역에서 아이돌 팬덤 문화까지도 받아들이면서 '레트로'와 '뉴트로'를 제대로 해석해 트로트 신드롬과 트로트 르네상스를 만들어 냈기 때문이다.

말하자면, 트로트 발라드나 트로트 댄스 등으로 트로트를 좀 더 넓게 해석했다. 이런 건 〈가요무대〉와 〈전국노래자랑〉, 〈아침마당〉에서는 볼 수 없었던 신선한 기획이다.

트로트를 좀 더 넓게 해석했다는 평가의 중심에 임영웅이 있다. 임영웅은 발라드를 부르다 트로트 가수가 됐다. 말하듯이 노래를 툭 부르고 여백의 미를 잘 살린다. 발라드 감성을 잘 이해하기 때문에 그가 부르는 트로트는 또 다른 감성을 자아낸다.

그런가 하면 임영웅은 트로트 가수로서는 이례적으로 음원에서도 강자다. 멜론 차트 100위 안에 항상 4~8곡이 상주해 있다. 트로트 가수의 음원 차트 올킬급級은 극히 이례적이다. 아이돌도 쉽지 않은 성적이다. 트로트 가수가 강한 곳은 음원이 아니라 행사公演다.

2020년 4월 21일 '멜론 TOP100' 차트에 오른 임영웅의 곡은 조영수 작곡가가 써 준 신곡 '이제 나만 믿어요'32위를 비롯해 '어느 60대 노부부 이야기'45위, '바램'61위, '보라빛 엽서'77위, '배신자'98위, '일편단심 민들레야'99위 등이다.

*

당시 임영웅을 제외하고 〈미스터트롯〉 출연자 중에서 100위 안에 든 노래는 영탁의 '찐이야'^{69위}가 유일했다. 엄청난 팬덤을 지닌 송가인의 100위 내 진입곡은 하나도 없었다. 트로트가 인기가 없어서가 아니라 음원 차트의 생태와 트로트의 소비 지점이 달라서다.

그런데 그로부터 2개월이 2020년 6월 23일 임영웅의 노래 중 '멜론 TOP100' 안에 포함된 곡은 무려 10곡이나 된다. 오히려 4곡이 더 늘어난 것이다. '이제 나만 믿어요'^{32위}, '어느 60대 노부부 이야기'^{50위}, '바람'^{55위}, '보라빛 엽서'^{64위}, 〈뽕숭아학당〉에서 선보인 '응급실'^{71위}, '일편단심 민들레야'^{76위}, '두 주먹'^{78위}, '배신자'^{79위}, '미워요'^{80위}, '계단 말고 엘리베이터'^{84위} 등이다. '이젠 나만 믿어요'^{piano by 조영수 92위}까지 포함하면 11곡이 100위안에 들었나.

임영웅의 음원 강세 현상을 단순히 남녀 팬덤 차이로만 설명할 수는 없다. 물론 여성 팬덤이 남성에 비해 음반 구매와 '스밍& 총공' 등 집단 행동력에서 훨씬 더 강력한 힘을 발휘하기는 한다. 하지만 이것만으로도 설명이 안 된다. 그렇다면 다른 '트로트

맨'도 임영웅과 비슷한 현상이 나와야 한다.

여기서 임영웅 음악의 차별적 성격과 그것을 소비하는 팬들의 감성을 논해야 한다. 임영웅은 2020년 4월 3일 신곡 '이제 나만 믿어요'가 발표와 동시에 음원 차트를 뒤흔든 바 있다. 트로트 곡이 발표와 동시에 음원 차트 상위권에 진입하는 경우는 거의 없다. 히트한 트로트 곡도 발표 때는 조용하다가 시간이 지나면서 귀에서 귀로, 입에서 입으로 전파되며 국민가요급이 된다.

하지만 임영웅의 경우에는, 노래 발표와 동시에 음원 차트 상위권에 오른다. 팬덤을 몰고 다니는 스타성과 가창력을 겸비해서라고 단순하게 말하기보다는 좀 더 디테일하게 들어갈 때가 됐다. 임영웅의 노래는 듣는 사람을 빨려 들어가게 할 때가 있다. 계속 듣고 싶게 하는 중독성은 음원 차트에서 절대 유리하다.

임영웅이 디지털 음악 데이터의 중요한 항목인 유튜브 등 SNS에서 강하다는 것 자체도 음원 성적을 높일 수 있는 베이스 역할을 한다.

임영웅의 공식 유튜브 채널 '임영웅'은 2024년 3월 15일 기준으로 구독자 수가 160만 명을 넘어섰다. 2024년 2월 5일 구독자 159만 명 달성 후 39일 만에 1만 명을 추가하면서 기록 경신을 했다.

임영웅의 팬클럽 '영웅시대'는 유튜브, 팬카페, SNS 등을 통해 활발하게 소통하며 끈끈한 관계를 이어가고 있다. 2011년 12월 2일 개설된 임영웅의 공식 유튜브 채널인 '임영웅'에는 일상생활과 커버 곡, 무대 영상 등 다양한 영상이 업로드되며, 2024년 3월 15일 기준 총 725개의 영상이 올라가 있다. 누적 조회 수는 19억 6,000만 뷰를 기록하고 있고, 1,000만 뷰 영상만 79개에 이른나. 서브 채널인 숏츠 채널은 구독자 30.7만 명에 205개의 영상이 올라왔고 누적 조회수도 1억 뷰를 넘어섰다.

트로트는 음원 장르 상위권에 오르는 일이 별로 없다 보니, 한때 임영웅의 음원 차트 줄세우기 등 음원 차트 장악을 반대하는 아이돌 팬들도 있었다. 음원상과 네티즌 투표로 이뤄지는 상은 아이돌들이 독식해 왔다. 아이돌 팬들이 임영웅 노래가 음원 차트 상위권에 올라오자 "별로다", "어울리지 않는다"는 이유를 들어 반대하곤 했다.

물론 일시적인 기류였지만 말도 안되는 소리다. 트로트 음악이라고 음원 차트에 못 올라갈 이유는 없으며, 임영웅은 트로트만 부르는 '트로트 가수'가 아닌 다양한 장르를 소화하는 그냥 '가수'다. 실제로도 음원 차트에 올라 있는 임영웅의 노래는 트로트가 아닌 일반 가요도 많다.

임영웅은 과장 없이, 강약과 완급 조절로만 노래를 부른다. 절규 톤 등 기교를 사용하지 않는다. 더도 덜도 아닌 딱 그만큼의 감정을 사용한다. '바램', '보라빛 엽서' 등은 모두 그렇게 불렀다. 일단 이런 가수의 팬이 한 번 되면 오래간다. 정석 플레이가 오래 살아남는다는 말과 비슷하다. 겸손한 임영웅의 모습도 이런 점과 합쳐져 시너지 효과를 만든다.

이런 정석 플레이의 기반 위에서 임영웅이 〈사랑의 콜센타〉에서 부른 남미 음악 '데스파시토Despacito'는 하나의 별미다. '데스파시토'는 끈적거리는 느낌이 날 수 있는데, 하나도 느끼하지 않은 임영웅이 가사 내용이 야한 '데스파시토'를 지나치게 관능적이지 않도록 적당한 감성으로, 맛깔나게 그리고 유쾌하게잔망미 소화해 냈다.

뿐만 아니라 세계적 팝스타 샘 스미스 노래까지 소화하는 걸 보면 감성이 확 밀려온다. 가수 임영웅이 영미팝을 잘 소화하는지는 알았지만, 'I'm Not The Only One'을 부르는 것을 보면서 또 한 번 놀랐다.

나는 2018년 가을밤 고척돔에서 '남자 아델'로 불리는 샘 스미스 공연을 직관했다. 한마디로 감성의 도가니였다. 'I'm Not The Only One'과 'Stay With Me'에서는 관객들의 떼창이 이어졌다. 외야석에 앉은 나에게까지 감성이 밀려왔다.

그런데 임영웅이 부른 'I'm Not The Only One'은 또 다른 중독성을 만들어 냈다. 특히 이 부분의 가사You say I'm crazy/Cause you don't think I know what you've done/But when you call me baby/I know I'm not the only one에 이르면 반半가성까지 적절히 사용하며 짙으면서도

✦

섬세한 감성을 주조한다. 그래서 때로는 감미롭고, 때로는 몽환적이며 소울감 충만하다. 임영웅은 멜로디와 선율감이 좋아 감성이 확 밀려오며 호소력을 극대화시키고 있다.

아시다시피, 'I'm Not The Only One'은 슬픈 노래다. "니가 나를 자기야 라고 부를 때, 내가 유일한 사람이 아니라는 걸 알아." 라는 노랫말은 남녀가 이별할 수밖에 없음을 암시하고 있다. 임영웅은 이런 가사의 감정을 오롯이 전달한다. 탁월한 보컬리스트다.

한편, 몇 년 전 유튜브 '미스&미스터트롯' 공식 채널에는 '무대 풀버전 임영웅 - I'm Not The Only One 뽕숭아학당 58화 TV CHOSUN 210707 방송'이라는 제목으로 영상이 게재됐다. 해당 영상 속 임영웅은 'I'm Not The Only One'을 열창하고 있는 모습이다. 특유의 임영웅 감성 보이스가 보는 이들의 귀와 눈을 매료시켰다. 해당 영상은 2024년 3월 기준 768만 뷰를 넘어섰다.

임영웅의 창법은 진정성 있는 목소리가 섬세한 감성 사운드와 잘 어우러져, 듣는 이들에게 진심을 전할 수 있고 깊은 감동과 울림을 선사한다. 그렇게 해서 임영웅은 '바램'을 딱 한 번 부르고도 노사연의 '바램'을 임영웅의 '바램'으로 바꿔 놓았다.

대학경복대학교에서 실용음악을 공부한 임영웅은 원래 발라드를 부르기도 했는데, 발라드로는 수상하지 못하다가 트로트를 부르면서 수상의 영광을 안았고 그 후에는 다양한 장르를 소화하는 '가수'로서의 행보를 이어가고 있다.

〈미스터트롯〉에서도 보여줬듯이, 그 특유의 말하듯이 편안하게 부르는 스타일이 호평을 받고 있다. 발라드와 스탠다드팝 등을 두루 소화할 수 있을 정도로 음악적 스펙트럼이 넓은 트로트 가수 임영웅. 그래서 팬 기반도 중년부터 젊은 여성까지 폭넓은 편이다.

송가인 굿즈는 '돋보기안경', '효자손', '안마기' 등 어르신을 향하고 있는 데 반해 임영웅의 팬은 젊은 여성도 많다. 발라드를 좋아하던 우리 '누나'들이 그렇게 해서 임영웅의 트로트에도 푹 빠지게 됐다. 이 같은 요인들은 임영웅을 유난히 음원에 강한 가수로 만들고 있다.

속삭이듯 말을 건네는 듯 차분하게 노래를 부르며 절제미를 발휘,
노래의 맛을 살려내는 임영웅은 긍정적이고 활달하면서도,
시종 겸손을 잃지 않는 태도를 지녀 팬들의 사랑을 오래 받을
수 있을 것 같다. 이런 매력은 임영웅의 노래가 왜 음원에서도
강세를 보이는지를 잘 설명해 준다.

임영웅의 예능 출연···
그의 인간미를 제대로 볼 수
있는 생애 첫 단독 리얼리티

임영웅 단독 리얼리티
예능 KBS 〈마이 리틀
'히이로'〉(출처: KBS
한국방송)

임영웅은 TV 예능 프로그램에 출연하지 않는다. 가수나 배우가 예능에 출연하는 이유는 잊혀지지 않기 위함이다. 음악이나 드라마, 영화 등 작품을 홍보할 필요 때문에 예능에 나오기도 한다.

하지만 임영웅은 예능 고정물에는 출연하지는 않는다. 음악 활동에 열중한다. 2022년 5월 4일 방송된 tvN 예능 프로그램 〈유 퀴즈 온 더 블록〉에 게스트로 나와 진솔한 이야기를 털어놓은 적은 있지만, 홍보의 필요성이 있는 새 앨범 발매와 콘서트를 앞두고도 예능 방송에 잘 나오지 않는다.

JTBC〈톡파원 25시〉등 예능에 활발하게 출연하고 있는 이찬원이 "영웅이 형이 예능에 안 나왔으면 좋겠다. 우리는 뭘 먹고 사냐."라며 유머를 한 적이 있다. 그러면서 이찬원은 2024년 2월〈톡파원 25시〉100회를 맞아 "가수 임영웅 씨가〈톡파원 25시〉를 애청하고 있다고 밝힌 적이 있어 꼭 한 번 모시고 싶다."고 말한 바 있다.

그런데 예외적으로 임영웅이 예능에 출연한 적이 있다. 2023년 5월 27일부터 6월 25일까지 방영된 첫 단독 리얼리티 예능인 5부작 KBS2〈마이 리틀 히어로MY LITTLE HERO〉다. 이건〈유퀴즈 온 더 블록〉출연과는 달리 인간 임영웅의 사적인 모습을 오롯이 보여 주었다. 예능이면서 휴먼 다큐같은 느낌도 났다. 예능에 좀처럼 출연하지 않던 임영웅이 사적인 모습을 많이 보여 줘 팬과 대중에게 소중한 자료로서의 가치를 지닌다. 그래서 임영웅의 인간적인 모습까지도 파악할 수 있는 예능 출연은 조금 더 자세하게 다뤄도 좋을듯하다.

〈마이 리틀 히어로〉는 2023년 2월 LA를 하늘색 빛으로 수놓은 임영웅의 콘서트 〈IM HERO - in Los Angeles아임 히어로 인 로스 앤젤레스〉 공연과 함께 촬영한 것으로, 콘서트를 준비하는 프로페셔널한 아티스트의 모습부터 솔직 담백한 면모까지 그 어디에서도 볼 수 없는 다채로운 임영웅의 매력을 담아냈다.

특히 임영웅의 리얼리티 예능은 전 세대가 함께 즐길 수 있게끔 주말 시간대에 방송돼 팬들과 대중의 무한 관심을 독차지했다.

임영웅은 1회에서 예능에 나온 이유를 확실하게 밝혔다. "그냥 평범하고 조용하며 별일 없고. 무대 밖에서의 진짜 나의 모습. 무대 위를 꽉 채우는 빅 히어로가 아닌, 평범하고 소소한 일상을 보내는 보통의 33살2023년 저의 모습이 〈마이 리틀 히어로〉에 담겨 있다."

임영웅의 MBTI는 인프제INFJ다. 내향적이면서 창의력이 좋고 합리적인 테두리 내에서 공상하는 성격이다. 그가 왜 예능 출연을 망설이는지도 약간은 짐작이 된다. 임영웅은 팬의 한 사연을 받았다. "본인 이머니께서 저를 너무 좋아하시는데, 제가

TV에 나오길 오매불망 기다리시다가 돌아가셨다는 가슴 아픈 사연을 접하고 빠른 시일 내에 TV에 나오고 싶었다."

'지금 젊은 나의 모습목소리 포함을 기록하자'는 생각도 있었다. 그래서 순도 100%의 임영웅 보여 주기가 이뤄졌다.

또 하나는 임영웅이 가장 가까운 가족인 엄마와 외할머니에게 보내는 '선물'이기도 했다. 임영웅은 스타가 되고나서는 엄마와 할머니도 자주 만나지 못한다. 1회에서 영웅 3대가 함께 하는 요리 교실이 나오는 것도 그 때문이다. 임영웅은 집밥 레시피 전수를 위해 총출동한 어머니, 할머니와 함께 최애 메뉴인 오징어찌개 레시피를 익혔다. 임영웅 엄마와 할머니는 이외에도 멸치볶음, 소고기고추장볶음, 꽈리고추, 할머니표 불고기 등 집안 시그니처 메뉴를 정성스레 만든다. 임영웅은 이 음식들을 먹으면서 JMT짱맛탱 = 정말 맛있다를 연발한다. 임영웅이 가장 행복을 느끼는 때이기도 하다.

임영웅은 예능 준비 작업부터 철저했다. 5월 27일 방송된 1회는 가수 임영웅이 생애 첫 단독 리얼리티 예능 도전과 함께 LA 여행을 200% 즐기기 위해 '히어로급' 준비성을 자랑했다.

오직 영웅시대를 위한 사랑으로 시작된 리얼리티 〈마이 리틀 히어로〉를 위해, 즐거운 첫 LA 여행을 위해 임영웅은 만반의 준비를 잊지 않았다.

그 시작은 영어 원어민 선생님과의 과외였다. 임영웅은 설렘 반, 긴장 반의 마음으로 선생님을 만나러 떠났고, 베일을 벗은 선생님의 정체는 타일러 라쉬였다.

밝은 미소로 첫 인사를 건넨 두 사람은 속성 과외로 시청자들도 함께 영어를 배우는 재미를 더한 건 물론, 임영웅은 방금 배운 단어를 적극 활용하며 영어 유망주로 거듭나기도 했다.

행복도 잠시, 임영웅은 계속되는 타일러의 영어 폭격에 당황하며 웃음을 안겼고 오가는 영어 과외 속 두 사람의 케미가 폭발하며 〈마이 리틀 히어로〉의 명장면이 계속됐다. 특히 좌충우돌 영어 삼매경 속 두 사람의 찰떡 케미는 물론, "제발 한국말로 해주세요. 너무 덥다."라며 계속되는 영어 공격에 진땀을 흘리는 임영웅의 모습은 큰 재미를 주기에 충분했다.

이외에도 임영웅은 여행 캐리어를 챙기기 위해 방송 최초로 드레스룸도 공개했고, 성공적인 LA 콘서트를 위해 꼼꼼하게 리허설을 하는 '본업 모먼트'로 또 한번 팬들을 설레게 했다.

임영웅은 예능에서 차분하면서도 재치 있는 진행 실력까지 선보이며 시종일관 유쾌하고 화기애애한 분위기를 이어갔다. 각 회차마다 임영웅의 솔직 담백한 매력이 담겨 보는 즐거움을 배가시켰다.

임영웅이 생애 첫 도전한 단독 리얼리티 예능은 1화부터 전국 시청률 6.2%닐슨코리아 기준를 기록하며 성공적인 시작을 알렸다.

6월 3일 방송된 2화에서는 공연 5일전 무사히 LA에 도착한 임영웅의 솔직담백한 일상이 그려지는 LA 숙소부터 향했다. 카페와 스트릿 숍이 즐비한 La Brea라 브레아에 위치한 LA 숙소에 임영웅은 감탄했고, 마음에 드는 방을 발견하자마자 행복해 하며 앞으로 선보일 LA 일상에 대한 궁금증을 높였다.

✦

즐겁게 혼자만의 시간을 보낸 임영웅은 다음 날, 첫 해외 콘서트 '아임 히어로 인 로스앤젤레스IM HERO - in Los Angeles' 리허설을 위해 일찌감치 돌비씨어터로 향했다.

돌비씨어터는 매년 아카데미 영화 시상식이 열리는 곳으로, 임영웅의 콘서트는 개최만으로도 의미가 깊으며 동시에 한국의 위상까지 높인 셈이다.

클래식하면서도 웅장한 돌비씨어터에 매료된 임영웅은 "여기를 내가 오다니. 나의 콘서트를 위해 해외에 처음 오시는 팬 분들도 계시다. 나로 인해 다른 것들을 처음 경험하는 것이 나도 마음이 좋다. 그런 팬 분들을 위해 여러 가지를 해 보면 좋겠다는 생각이 든다. 팬들을 보면 더 열심히 해야지, 더 큰 노력을 해야 시 싶나. 함성 소리가 잊히지 않고 항상 기억난다."라며 긴장 반 기대 반으로 리허설에 돌입했다.

스태프에게 다가가 일일이 인사하며 살뜰히 챙긴 임영웅은 어디에서도 공개하지 않았던 콘서트 전 루틴도 최초 공개해 보는 즐거움을 더했고, "콘서트가 기대된다."며 돌비씨어터를 하

✦

늘빛으로 가득 채울 영웅시대와의 만남을 기대하기도 했다.

영웅시대 덕분에 돌비씨어터에서 공연도 하고 영광스럽다는 임영웅은 신나는 오프닝을 비롯해 다채로운 무대들을 선보이며 화려한 스케일은 물론, LA에서도 독보적인 무대 장악력을 뽐냈다.

특히 서로에게 선한 영향력이 되어 주고 있는 임영웅과 영웅시대의 케미와 팬들의 다양한 인사는 현장의 열기를 오롯이 전함과 동시에 벅찬 감동까지 안겼다.

온통 하늘빛 물결 속 LA에서도 빛난 임영웅이 돋보인 가운데, 2023년 6월 5일 오후 6시에 공개된 신곡인 잔잔한 발라드 '모래 알갱이'도 가장 먼저 베일을 벗어, 임영웅이 전할 감성 힐링에 대한 대중의 기대치도 높아졌다.

임영웅은 팬들을 위해 다양하게 준비했다. 마이클 부블레의 '올 오브 미All of Me'와 댄스팀과 춤을 추는 '애프터 라이크After Like' 등을 준비하고, 브루노 마스의 '웬 아이 워즈 유어 맨When

I Was Your Man'을 건반으로 연주하는 등 콘서트 루틴들을 하나 하나씩 해나갔다.

TV 오디션에서 불렀던 '보라빛 엽서'는 여백을 살리는 곡이다. 이와 분위기가 상통하는 '어느 60대 노부부 이야기'에는 휘파 람을 넣었다. 힙한 의상에 모자를 쓰면서 신나게 부르는 힙합 퓨전 버전 '아비앙또'도 세트 리스트에 넣었다.

공연 전에는 애매하게 먹어야 한다고 했다. 너무 배고파도 안 되고, 너무 배불러도 안 된다. 안 먹으면 호흡이 잘 안 돌아가 고, 많이 먹으면 숨쉬기 힘들다. 하지만 임영웅은 먹는 걸 좋아 해서 이렇게 조절하는 게 쉽지 않다고 했다.

콘서트 때는 평소보다 5kg이 감소한다. 평소 74kg 정도 되는 데, 콘서트 때가 되면 60kg대로 진입한다. 짜장면 한 입만 먹 고 무대에 들어간다고 했다.

LA 공연 티켓 판매는 오픈하자마자 매진돼 3,500명의 관객이 행운을 얻었다. LA뿐만 아니라 캐나다, 홍콩, 일본, 시애틀에

✦

서 임영웅 공연을 보러온 팬들도 있었다.

6월 10일 방송된 3화는 공연을 끝낸 임영웅의 본격 LA 즐기기가 시작됐다. 공연장인 돌비씨어터를 온통 하늘빛으로 물들인 임영웅은 "여러분들의 표정을 보고 마주할 수 있다는 게 감사하다. 항상 건강하고 행복하시길 바라겠다. 오늘 이 순간이, 오늘 이 기억이, 여러분들의 머릿속에, 기억 속에 영원히 찬란하길 바란다."며 영웅시대를 향한 넘치는 애정과 함께 '인생찬가'로 콘서트를 마무리했다.

영원히 찬란하게 기억될 인생 첫 해외 콘서트를 무사히 끝낸 임영웅은 "행복했고, 상상 속에만 있던 해외 콘서트였는데 현실로 다가왔다는 게 믿기지 않았다. 해내고 나니 한 계단 또 올라간 것 같은 느낌이 든다."라고 LA 콘서트를 대성공으로 끝낸 소감도 밝혔다.

함께한 스태프들에게도 일일이 감사 인사를 잊지 않은 임영웅은 화기애애한 분위기 속 쫑파티를 이어갔고, 앞으로 선보일 자유로운 LA 일상에 대한 설렘을 드러냈다.

✦

다음 날 임영웅은 아침 러닝을 위해 LA 숙소 밖으로 나왔고, 건행 체조로 스트레칭을 시작하거나, 머리부터 발끝까지 LA 감성을 담은 러닝 패션으로 패셔니스타다운 면모까지 뽐냈다.

그는 자유 시간에 아침 러닝에 나섰다. 3시간짜리 콘서트를 소화하려면 평소 체력을 길러야 했다. 임영웅 콘서트는 게스트가 없고, 초대권이 없으며, 빈 좌석이 없는 '3무' 공연인 만큼 게스트 없이 처음부터 끝까지 혼자 감내해야 한다.

아침 러닝 중인 임영웅의 모습은 한 편의 화보 같은 분위기를 자아냈고, 브런치 카페에서 즐기는 한 잔의 커피 여유와 함께 보기만 해도 저절로 힐링이 되는 LA 풍경은 계속됐다.

소소한 일상을 슬기고 싶다는 임영웅은 LA 여행의 필수 코스인 할리우드 거리로 향했다. 화려한 볼거리의 연속에 임영웅은 "사람들이 자유로워 보인다. 저의 MBTI는 'I'이긴 한데, 무대에서만 'E'거든요. 여기 거리에서는 내 안의 'E'가 튀어나올 것 같은 느낌"이라며 다채로운 볼거리에 감탄사를 연발했다.

✦

이어 자신의 콘서트가 열렸던 돌비씨어터를 보고 "이 공간을 하늘색 물결로 가득 채웠다. 트루먼 쇼가 아닌가? 트루먼 쇼가 아니면 설명이 안 된다. 내가 공연을 했다는 게 믿기지 않는다"며 또 한 번 만감이 교차하는 모습을 보였다. 또한, "사랑을 받으면, 그 10배로 돌려드리자는 게 나의 가치관"이라고 말하기도 했다.

임영웅은 기념품점으로 자리를 옮겨 엄마와 할머니 선물을 사며 행복한 미소도 지었고, LA의 대표적인 레코드 숍에서 자신의 첫 정규 앨범 〈IM HERO아임 히어로〉를 발견하고, "뿌듯하기도 하고, 스스로 좀 더 세계적인 도전을 해 봐도 되겠다. 해 보고 싶다는 생각이 들었다."며 벅찬 소감과 함께 "저에요. 여러분"이라고 즉석에서 반갑게 인사도 건넸다.

이외에도 LA에서 가장 오래된 미국식 재래시장에 도착한 임영웅은 군침을 자극하는 먹방부터 때 아닌 핫소스 전쟁을 시작, "기쁨도 나누면 배가 되니까 함께 나누기로 했다."며 '핫소스 넣은 아이스크림 먹기' 게임으로 보는 이들을 배꼽 잡게 만들었다.

6월 18일 방송된 〈마이 리틀 히어로MY LITTLE HERO〉 4화에서는 임영웅이 방송 후 큰 화제를 모았던 임영웅의 뮤직 필름 〈우리들의 블루스〉 메이킹부터 설명했다. 뮤직 필름 촬영을 위해 기획부터 섭외, 연출 등 다양한 아이디어를 내놓았던 임영웅은 프로페셔널한 모습으로 설렘 지수를 높였고, "기억은 사라지겠지만 영상을 통해 당시를 떠올릴 수 있게 향기처럼 남는 뮤직 필름을 남기고 싶다."고 전했다.

임영웅의 예상은 완벽하게 적중했다. 수동 엘리베이터에 탑승한 임영웅은 LA 시내가 한눈에 보이는 옥상에 도착했고, 쓸쓸한 느낌이 나는 〈우리들의 블루스〉와 어울리는 옥상의 분위기, 날씨 등에 "이거네. 여기다."라고 감탄을 하며 만족감을 드러냈다.

감탄은 멈추지 않았다. 축구 마니아답게 경기장에 도착한 임영웅은 간단한 스트레칭 후 한인들과의 축구 경기에 참여했다. 킥으로 후반부의 시작을 알린 임영웅은 고급 기술을 자랑하며 독보적인 존재감을 뽐냈고, 깔끔하게 득점을 하고 건행 세리머니로 기쁨도 표현했다.

+

임영웅은 단순히 축구 게임만 한 게 아니라 장난도 치면서 '장꾸장난꾸러기' 모드에 들어가기도 했다. 초등학교 시절 자신의 별명이 '진달레꽃'임을 밝히기도 했다. 초등학교 5~6학년 때부터 노래 잘 한다는 소리를 들었다고 했다.

새로운 사람들 그리고 색다른 경험까지 한 임영웅은 현지 최고의 라디오 채널인 '라디오 코리아'의 〈어서 옵쇼〉에 출격, 성황리에 마무리된 첫 해외 콘서트의 깊은 여운을 이어갔다.

팬 분들을 자주 볼 수 있는 기회를 만들겠다는 약속과 함께 "라디오에 출연해 영광이고, 목소리로나마 좋은 에너지를 드릴 수 있어 좋다"고 출연 소감을 밝힌 임영웅은 자신을 기다리는 팬들 곁으로 몰래 다가가 같이 임영웅을 기다리며 웃음을 안겼고, 함께 고생한 직원들을 위한 깜짝 선물인 '오징어찌개 및 요리 만들어 주기'에 도전하기도 했다. 그는 라디오 방송에서 "가수가 안됐으면 축구에 전념했을 것이다."라는 말을 남길 정도로 축구 사랑을 보여 주었다.

임영웅은 직원들 몰래 한인 마트에 가 장보기에 도전, 마트 입성

단 3초 만에 정체가 들통 났지만 그 누구보다 꼼꼼하게 장을 보며 깜짝 파티 준비에 박차를 가했고, 매우 성공적이고 맛있는 요리를 선보이며 직원들과 함께 잊지 못할 추억까지 쌓았다.

LA의 한 플리 마켓flea market, 벼룩시장에서 남다른 옷맵시도 뽐내며, 두 번째 뮤직 필름인 '연애편지'로 한층 더 깊어진 감성을 자랑했다.

임영웅의 예능은 마지막까지 꾸밈없는 솔직 담백한 임영웅의 다채로운 '진짜 모습'을 볼 수 있었다. 6월 25일 방송된 〈마이 리틀 히어로〉 5화는 '덕후 영웅의 상상은 이루어진다'는 타이틀을 달고 진행됐다.

이날 임영웅은 "상상도 못했다."며 게스트이자 세상의 모든 것을 과학으로 풀어내는 과학 크리에이터 궤도의 깜짝 방문에 입을 다물지 못하는가 하면, "너무 좋다."며 미소를 감추지 못했다. 영웅과 궤도의 티키타카는 너무나 훌륭했다. 마치 오래된 친구 같이 느껴질 정도였다.

✦

"제 최애 영화가 〈인터스텔라〉거든요. 처음에는 졸면서 봤는데, 다시 보며 흥미를 느꼈구요, 우주·과학 분야에 흥미를 느끼는 것 같습니다."임영웅

반갑게 인사를 나눈 임영웅과 궤도는 남다른 케미부터 자랑했다. 최애 영화가 겹치는 우연을 시작으로 모든 이야기와 상황을 과학적으로 접근하며 눈길을 끌었고, 질문과 답변이 오가며 '과학 덕후'들의 진지한 대화가 이어졌다.

궤도가 "별이 태양보다 다 크다"고 하자, 임영웅은 "나는 팬들을 모두 다 별로 본다. 한 분 한 분의 마음이, 작은 마음이 모여 큰 것 같지만, 그 마음을 들여다보면 여러분들은 태양보다 훨씬 더 큰 존재다."라고 말했다.

이에 궤도가 "그대는 태양보다 더 크다. 더 큰 마음이다. 이제 시작점이다. 근데 어마어마한 데까지 왔다. 영웅의 시작점이 누군가에겐 목표가 될 수 있어. 지금은 영웅이 많이 고민하고, 되게 중요한 상황인 것 같다."고 생각해 볼 만한 덕담을 던졌다.

임영웅도 "그렇죠. 고민 많죠. 이걸 긍정적인 고민으로 바꿔 가고 있는 중이다. 괴로운 고민이었던 적도 있었다. 너무 생각 많고 힘든 고민보다도, 긍정적인 고민으로 바뀌었다. 이렇게 바뀐 지가 얼마 되지 않았다."고 진지한 답변을 이어갔다. 그러면서 합정역에서 군고구마를 팔았는데, 힘들기도 하고 많이 남지 않아 힘들었다고 했고, 백골 부대에서 보낸 현역 생활도 떠올렸다.

별을 보러 가자며 광활한 사막으로 떠날 준비를 마친 두 사람은 올드 트럭을 타며 한 편의 영화같은 비주얼을 뽐냈고, 다채롭고 흥미로운 과학 이야기는 계속됐으며 어디서도 본 적 없는 투샷이 시청자들을 사로잡았다.

"기회가 된다면 우수 과학과 관련된 자작곡에 꼭 도전해 보고 싶다"며 궤도와의 대화를 통해 많은 도움을 받았다고 전한 임영웅은 궤도와 함께 군침을 자극하는 먹방을 선보였고, 매운 맛을 좋아하는 그를 위해 기쁨을 함께 나누고자 '악마의 핫소스'까지 전달, 3화에 이어 또 한 번 '핫소스 전쟁'을 펼치기도 했다.

✦

특히 리얼한 기상 모습을 최초 공개한 임영웅은 사막에서의 일출도 만끽하며 잊지 못할 추억도 쌓았고, 색다른 경험을 위해 1965년형 올드카를 타고 항구 도시인 샌디에이고로 출발했다.

올드카에 탄 임영웅의 모습은 시청자들로 하여금 대리 만족도 안겼고, 해안가 도로 위 임영웅의 드라이브는 그림 같은 풍경의 연속으로 힐링과 자유 그 자체였다.

차분하고 정적인 이미지를 잠시 내려놓겠다는 임영웅은 그 길로 경비행기 타기에 도전, 실제 조종사들이 입는 슈트까지 차려입고 파일럿으로 변신해 하늘을 마음껏 날며 카타르시스까지 선사했다. 임영웅은 실제로 와일드하고 익스트림한 스포츠를 좋아한다고 했다.

익스트림 스포츠로 몸을 푼 임영웅이 이번에는 목을 풀 차례였다. 아름다운 해변 정원인 크리스털 코브에 도착한 임영웅은 뮤직 필름 촬영을 위한 스폿 찾기에 열중하며 프로페셔널한 모습도 보였고, 무심하게 둘러멘 기타만으로도 넘사벽 분위기를 자랑했다.

파도가 잔잔하게 치는 바닷가에 도착한 임영웅은 감미롭게 기타 연주를 시작했고, 더 감미로운 목소리로 'Polaroid폴라로이드'를 열창, 즉흥 콘서트도 열었다.

이외에도 임영웅은 잔잔하고 쓸쓸한 느낌의 곡이 장소와 더 잘 어울릴 것 같다며 '사랑은 늘 도망가'로 뮤직 필름 3탄을 선보였고, 마이클 부블레Michael Buble의 'Everything에브리띵'으로 뮤직 필름을 마무리했다.

LA라는 새로운 곳에서 신선한 경험과 추억들을 쌓으며, 시청자들에게 여유와 힐링까지 선물했던 임영웅은 "〈마이 리틀 히어로〉를 촬영하면서 즐거웠고, 여러분도 저처럼 즐거우셨으면 좋겠습니다. 있는 그대로의 저 임영웅을 사랑해 주셔서 고맙습니다. 늘 건강하고 행복하시길 바라며 시청해 주셔서 고맙습니다. 여러분, 건행!"이라며 첫 단독 리얼리티 예능을 끝낸 소감으로 마지막까지 임팩트를 남겼다.

임영웅은 단독 리얼리티 예능 KBS2 〈마이 리틀 히어로MY LITTLE HERO〉에 출연하는 기간 동안 두 가지가 인상 깊게 다가왔다.

하나는 첫 자작곡 'London Boy런던보이'에 이어 임영웅의 두 번째 자작곡인 '모래 알갱이'의 발표이고 또 하나는 〈KBS 9시 뉴스〉 출연이다.

'모래 알갱이'는 2023년 6월 3일 〈마이 리틀 히어로〉 2화 마지막 부분에서 가장 먼저 베일을 벗었다. '모래 알갱이'는 따뜻하고 서정적인 가사와 함께 임영웅의 고품격 감성이 돋보였다. 임영웅이 바닷가를 거닐며 전하는 감성 힐링은 실로 엄청났다. 잔잔하면서도 큰 임팩트로 다가왔다. 특히 잔잔한 파도 소리는 물론, 임영웅의 휘파람도 담겨 포근하면서도 듣는 순간 힐링이 돼 대중에게 선물 같은 곡이 됐다. 마음이 저절로 정화되는 것 같았다.

'모래 알갱이' 뮤직비디오는 높은 조회 수를 기록하며 팬들의 큰 관심을 독차지하고 있다.

뮤직비디오는 잔잔한 바닷가 풍경에서 시작해 다양한 자연 풍경을 담고 있다. 더불어 바닷가 모래사장을 비롯해 걷는 모습부터 사막을 가로질러 운전하는 모습, 경비행기를 타고 창공을 누비는 모습 그리고 녹음실에서 노래를 부르는 모습 등 임영웅의 다양한 활동과 모습이 담겼다.

파도가 치는 바닷가를 배경 삼아 펼쳐지는 임영웅의 다채로운 모습은 눈길을 끌고 있으며, "언제든 내 곁에 쉬어가요. 언제든 내 맘에 쉬어 가요." 등 팬들에게 전하는 임영웅의 메시지도 곡이 주는 의미를 더했다.

임영웅은 예능에 출연했던 시기인 2023년 6월 2일 KBS 〈뉴스 9〉에 출연해 이소정 앵커와 만났다. 이소정 앵커는 "오늘은 별빛 같은 스타보다는 대한민국의 평범한 삼십 대 임영웅의 얘기를 들어보겠습니다"라고 임영웅을 소개했다.

〈마이 리틀 히어로〉를 관통하는 주제어는 '솔직함'이다. 누구보다 섬세한 예술가이지만 조금은 내성적이고 가끔은 평범해 보이기까지 하는 임영웅의 솔직한 모습에 시청자들은 공감했다.

이소정 앵커와 인터뷰에서도 임영웅 씨는 내내 진지하고 솔직했다. 애써 말을 꾸미려 하지 않고 자신만의 솔직한 언어로 진지하게 답했다.

"TV 출연을 기다리는 팬들을 위해 예능에 출연했다. 저의 모습을 기다리다 돌아가신 팬분의 이야기를 듣고 방송에 나갔다. MBTI는 'I내향적'라 무대에 올라가면 긴장되고 떨리기는 한다. 하지만 어릴 때부터 무대에 올라가 주목받는 건 좋아하곤 했다. 이번 미국 공연에서는 진짜 가족을 만난 느낌이었다."

임영웅은 세상에 처음 이름을 알렸던 신인 시절의 기억, 노래와 작곡에 대한 열정, 팬클럽 영웅시대에 대한 사랑, 그리고 조심스럽게 털어놓은 새로운 꿈까지 인간 임영웅 내면의 이야기를 꺼냈다.

이소정 앵커가 "진짜 임영웅은 어떤 사람인가?"라고 질문하자 임영웅은 "말수도 적고 톤도 조금 낮고, 편안한 느낌의 모습이 제 모습이다. 그런 모습으로 촬영에 임했다"고 답했다.

'런던 보이'에 이은 두 번째 자작곡 '모래 알갱이'는 시인 나태주 시집에서 영감을 얻었다고 했다. 미국에 가 풍경을 보면서 이런저런 생각을 하게 되면서 가사를 썼다고 했다.

팬클럽 영웅시대에 대해서는 "일상을 사는 평범한 나로서는 이해 안될 때도 있다. 영웅시대의 환호를 받는 내 모습이 저게 나인가? 저건 내가 아닌 것 같다. 막상 그런 순간이 오면 믿기지 않는 거다."라면서도 "영웅시대는 제 삶을 살게 해줬고, 제 꿈을 이룰 수 있게 해 주었고, 목표를 향해 나갈 수 있게 해 주었다. 그래서 영웅시대는 나의 전부다."라고 말했다.

임영웅은 이밖에도 가능하면 해외에 계시는 분들과도 더 공감하고 싶어 팝을 부르는 등 지평을 넓히고 싶다고 했다.

꿈을 향해 달려가는 사람들에게 한마디를 부탁하자 "간절하게 원하면 온 우수가 도와 준다는 말이 있잖아요. 간절하게 바라고 생생하게 꿈꾸면 못 이룰 게 없다."고 말했고, "시청자에게 남기고픈 말은?"이라고 하자 "건강하고 행복하라는 말보다 더 좋은 말은 없다."며 시그니처인 기역 손 동작 '건행'을 취했다.

임영웅의 엄청난 EDM 도전…
〈Do or Die〉, 180도 반전 매력

▲
임영웅 신곡 'Do or Die'
(출처: SBSKPOP ×
INKIGAYO)

임영웅은 2023년 10월 9일 가수로서의 큰 확장을 보여 주는 곡을 발표한다. 자신이 부르던 노래와는 전혀 다른 분위기의 노래다. 한마디로 댄스 곡이자 EDM 곡이다. 그의 도전 열정에 감동할 만하다.

디지털 싱글 〈두 오어 다이Do or Die〉는 인생의 무대 위 주인공이 되어 후회 없는 매일을 보내려는 열정을 담은 곡으로, 임영웅이 직접 작사에 참여한 'London Boy런던보이'와 '모래 알갱이'에 이어 작사에 참여하면서 또 한 번 싱어송 라이터의 면모

✦

를 보였다.

임영웅은 〈두 오어 다이〉를 통해 그간 보여 온 점잖고 세련된
매력과는 180도 다른 화려하고 강렬한 퍼포먼스를 선보여 화
제를 모으기도 했다.

"여러분, 드디어 기다리던 〈Do or die〉가 공개되었습니다. 처
음으로 도전하는 EDM 곡인데요. 이번엔 팬 여러분들과 그냥
신나게 뛰어놀 수 있는 곡을 하자라는 생각으로 시작한 곡이
EDM이 되고, 댄스곡이 되었습니다. 발매 3시간 만에 차트 1위
를…. 감격스럽습니다. 여러분들도 몸이 근질근질하셨군요. 이
노래 들으시면서 신나는 마음 감추지 마시고, 같이 미친 듯이
놀아봅시다!!!ㅎㅎㅎ 항상 기적을 행하시는 우리 영웅시대 가
족 여러분! 늘 건강하고, 행복하시길 바랍니다! 건행!"
가수 임영웅이 〈Do or Die〉를 발매하고 공식 팬카페 영웅시
대에 올린 글이다. '영시' 팬들과 신나는 음악을 함께 즐기겠다
는 뜻을 담고 있다.

임영웅은 이 신곡을 통해 비주얼과 스타일링은 물론, 화려하

고 강렬한 퍼포먼스를 소화하며 180도 다른 매력을 대방출, 팬심까지 자극하고 있다.

특히 지난 8일 화제 속에 베일을 벗은 〈Do or Die〉 뮤직비디오는 엄청난 스케일과 신비로운 영상미 등으로 공개와 동시에 높은 조회수를 기록하며 컴백하는 아이돌들 뮤직비디오 속 인기 급상승 동영상 1위에 빠른 속도로 등극, 명불허전 임영웅의 저력도 증명한 바 있다.

여전히 큰 관심을 받고 있는 뮤직비디오는 그동안 많은 아티스트와 작업해 오며 감각적인 영상미와 완성도 높은 연출로 주목받고 있는 플립이블Flipevil이 연출을 맡았다.

뮤직비디오는 우주복을 입은 임영웅의 모습으로 시작된다. 온몸을 흔들 수밖에 없는 강렬한 비트와 중독성 강한 포인트 안무, 흥을 자극하는 가사, 화려한 영상미 등이 돋보인다.

특히 임영웅은 댄서들과 함께 칼 군무를 소화하며 이전과는 차원이 다른 반전 매력으로 보는 이들을 설레게 하거나 다채로운 스타일링으로 한층 더 훤칠해진 비주얼까지 자랑했다.

카리스마 가득한 눈빛으로 팬심을 자극하는 임영웅의 모습과 우주선, 우주 등 엄청난 스케일의 배경은 한 편의 영화를 보는 듯 신비하면서도 웅장한 분위기도 자아내고 있었다.

〈Do or Die〉는 발매된 지 3시간 만에 국내 최대 음원 플랫폼인 멜론에서 1위를, 그리고 지니, 벅스에서도 1위를 기록했다. 9일 오후 9시 멜론 '톱 100' 차트에서 악동뮤지션의 '러브 리 Love Lee', '후라이의 꿈', 방탄소년단BTS 정국의 '세븐Seven' 등을 제치고 1위에 올랐다. 1위에 오르는 데 걸린 시간은 3시간으로 2023년 최단 시간 1위에 올랐고 역대 4위에 해당하는 대기록을 세웠다.

멜론 '톱 100' 차트는 최근 24시간 이용량과 최근 1시간 이용량을 50 대 50 비중으로 합산해 순위를 매긴다. 발매된 지 3시간밖에 되지 않은 신곡이 순위 1위를 차지했다는 것은 〈Do or Die〉의 최근 1시간 이용량이 24시간 이용량을 상쇄할 만큼 압도적이었다는 뜻으로 풀이된다.

✦

하루 전날 공개된 〈두 오어 다이〉 뮤직비디오에서 임영웅은 우주인으로 변신해 '칼 군무' 실력을 뽐내기도 했다. 이 뮤직비디오는 유튜브 '인기 급상승 동영상', '인기 급상승 음악' 각 1위에도 올랐다.

2023년 10월 8일 공개된 〈Do or Die〉 뮤비는 공개 5개월만인 2024년 3월 4일 기준 1,000만 뷰를 돌파하면서 78번째 1,000만 뷰 영상으로 등극했다.

임영웅이 자신이 부르던 노래와는 전혀 다른 음악 장르를 제대로 소화해 좋은 반응을 얻어냈다는 것은 그의 음악 영역이 또 한번 확장됐다는 걸 의미한다. 임영웅이 다음에는 또 어떤 음악적 확장을 이뤄낼까?

✦

임영웅은 임영웅을 부르고, 우리에겐 모두의 임영웅이 있다

- 정덕현[칼럼니스트]

'나는 작은 바람에도 흩어질 나는 가벼운 모래 알갱이. 그대 이 모래에 작은 발걸음을 내어요. 깊게 패이지 않을 만큼 가볍게-" 임영웅은 '모래 알갱이'에 자신이 세상에 어떤 존재가 될 것인가를 다짐하듯 담았다.

그선 가벼운 모래 알갱이 같은 존재다. 작은 바람에도 흩어질 정도로 드러내려 하지도 않고 언제 어떻게 날아온 지도 모르지만 어느덧 발길에 쌓이는 존재. 햇볕이 날 때면 반짝반짝 빛나다가도 먹구름이 밀려오면 빗물에 적셔져 뭉쳐지고, 파도가 몰아치면 알알이 부서지다가도, 해변가 햇볕에 바삭해져 불어오는 바람에 또다시 자유롭게 어디든 떠다닐 수 있는 그런 존재.

✦

그건 임영웅이라는 아티스트가 가진 색깔 그대로다.

그는 〈미스터트롯〉이라는 프로그램에서 1위를 차지함으로써 트로트 가수로서 대중들의 스포트라이트를 받게 됐지만 본래 바탕은 발라드 가수였고, 그래서인지 그가 내놓는 노래들은 트로트만이 아니라 록, 발라드, 힙합, 재즈, EDM처럼 변화무쌍하다. 하지만 그러면서도 그 다양한 장르의 노래들은 오롯이 임영웅으로 수렴된다. 다른 이가 불렀다면 결코 그런 색깔을 낼 수 없는 임영웅만의 노래가 된다.

바람, 햇볕, 빗물, 바닷물 등등 뭐든 제 안으로 스미게 해 자기 색깔로 만들어 내는 모래 알갱이처럼 임영웅은 어떤 노래도 자신이 부르면 임영웅화 된다는 걸 이미 〈미스터트롯〉에서 보여 준 바 있다. 그가 노사연의 '바램'을 불렀을 때, 설운도의 '보라빛 엽서'를 불렀을 때, 그 노래들은 온전히 임영웅의 '바램'이자 임영웅의 '보라빛 엽서'가 됐다. 그의 가창은 모래 알갱이처럼 속삭이듯 부드럽게 말을 건네며 시작하고, 절절한 마음조차 담담하게 꾹꾹 눌러 어떤 형태를 만들어낸 모래탑처럼 감정을 쌓아 놓고는 어느 순간 파도에 부서지듯 그 감정을 터

✦

트리고 바닷물에 씻겨내려 가듯 차분하게 가라앉는다. 그러니 그가 부른 어떤 노래도 듣고 나면 그건 씻겨나간 모래 알갱이처럼 임영웅의 잔상이 오래도록 남는다.

이건 트로트하면 떠올리게 되는 어떤 이미지 하나를 허물어 낸 것이기도 하다. 본래 트로트는 7, 80년대까지만 해도 가요 곳곳에 공기처럼 들어 있었다. 가왕 조용필의 노래에도, 그룹 사운드의 록 사운드나 심지어 댄스곡들 속에서도 이른바 '뽕끼'라는 이름으로 트로트는 늘 존재했다. 또 트로트 자체에는 여러 장르들이 앞에 붙기도 했다. 발라드 트로트, 록 트로트 하는 식으로. 하지만 언젠가부터 트로트 하면 과장된 감정 표현과 직설적인 가사 그리고 꺾기 같은 기교로 상징되는 어떤 장르로 여겨지게 됐다. 하지만 과거 최희준이 부른 '하숙생' 같은 곡을 떠올려 보라. 트로트는 그런 기술이 아니라 한민족이라면 이해되는 하나의 정서에 가깝다는 걸 알 수 있다.

트로트 오디션 프로그램들이 그래서 젊은 출연자들을 출연시켜 다양한 트로트댄스부터 발라드, 록까지를 선보이면서 그것이 '전통 가요'가 아니라 현재 진행형의 음악이라는 걸 보여준 건 어쩌면 이렇게 편향된 생각들을 원상태로 돌려놓는 작업이었다고 생각한다. 임영웅은 그 새로운 작업을 맨 앞에서 열어가는 상징이 됐다. 트로트가 전통 장르로 취급받고, 그걸 하는 특정한 인물군들이 있다고 여겨지는 편견을 임영웅은 그래서 첫 정규 앨범인 〈아임 히어로IM HERO〉를 통해 들려준다. 거기에는 트로트는 물론이고, 발라드, 힙합, 록, 재즈 같은 다양한 장르들이 임영웅이라는 가수의 자장磁場 안에서 어떻게 하나로 묶여질 수 있는가가 담겨 있었다. 우리는 그 때 알게 됐다. 이미자가 이미자를 부르고 조용필이 조용필을 부르는 것처럼 임영웅 역시 임영웅을 부른다는 사실을.

오디션 우승자가 되고 첫 정규 앨범을 낸 후에도 임영웅은 임영웅의 행보를 계속했다. '모래 알갱이' 같은 발라드를 내고 '런던 보이London boy' 같은 록을, '폴라로이드' 같은 록발라드를 또 '두 오어 다이Do or Die' 같은 EDM을 선보였다. 임영웅의 팬덤 영웅시대는 이런 행보를 반겼다. 그건 주로 기성세대라 치부되는 트로트 팬덤으로 영웅시대가 국한되는 걸 원치 않았기 때문이다. 젊은 세대들도 함께 할 수 있는 임영웅의 세계이고, 또한 트로트가 아닌 다른 장르라고 하더라도 기성세대들 또한

✦

함께 즐길 수 있는 임영웅의 세계인 셈이다.

우리는 흔히 나이와 성별 등으로 그 사람을 구별 짓고 구획하지만 그건 드러난 것으로 예단하는 선입견이자 편견일 뿐이다. 우리 안에는 나이가 들어도 성별이 달라도 크게 별반 다를 것 없는 감정과 감성들이 존재한다. 다만 사회가 구별 짓는 틀 안에서 응당 그것들만 바라봐야 할 것 같은 억압 속에 있다 보니 진짜로 다르다 착각할 뿐이다. 트로트를 좋아하던 기성세대들이 왜 록과 힙합을 좋아하지 말란 법이 있나. 임영웅이 장르의 틀을 깨고 임영웅을 부르는 행보는 그런 의미이고, 거기에 열광하는 영웅시대의 호응 역시 그런 의미다. 임영웅이 부르고 영웅시대가 호응하는 이 흐름 안에서 전통과 현재라는 구분은 깨져 버린다. 거기 남는 건 현재 진행형을 부르고 호응하는 임영웅과 영웅시대가 있을 뿐이다.

누구나 나이 들어가고 그래서 어느 순간 신세대가 기성세대라 불리게 되어 버리지만 그렇다고 우리가 좋아했던 그 감정과 감성들이 녹이 슬고 바뀌는 건 아니다. 그런 의미에서 우리에게는 누구나 변치 않는 저마다의 임영웅이 있다. 시간의 흐름에 따라 세상이 마구 구분지어 버리지만 그럼에도 달라지지 않는 자기만의 소중한 감성들이 그것이다. 임영웅은 그 세계를 우리 앞에 펼쳐 놓고 있다. 과연 밟아도 좋을지 망설이는 이들에게 '깊게 패이지 않을 만큼 가볍게' 작은 발자국을 낼 수 있는 모래 알갱이 같은 세계를.

우리 모두가 사랑하는 감성 장인 임영웅의 힘

2024. 5. 17. 초판 1쇄 인쇄
2024. 5. 22. 초판 1쇄 발행

지은이 │ 서병기
펴낸이 │ 이종춘
펴낸곳 │ **BM** ㈜도서출판 **성안당**
주소 │ 04032 서울시 마포구 양화로 127 첨단빌딩 3층(출판기획 R&D 센터)
       10881 경기도 파주시 문발로 112 파주 출판 문화도시(제작 및 물류)
전화 │ 02) 3142-0036
       031) 950-6300
팩스 │ 031) 955-0510
등록 │ 1973. 2. 1. 제406-2005-000046호
출판사 홈페이지 │ www.cyber.co.kr
ISBN │ 978-89-315-7058-8 (03670)
정가 │ 20,000원

KOMCA 승인 필

이 책을 만든 사람들

책임 │ 최옥현
기획 · 편집 │ 조혜란
교정 · 교열 │ 장윤정
디자인 │ 임흥순
홍보 │ 김계향, 임진성, 김주승
국제부 │ 이선민, 조혜란
마케팅 │ 구본철, 차정욱, 오영일, 나진호, 강호묵
마케팅 지원 │ 장상범
제작 │ 김유석

www.cyber.co.kr ★★★
성안당 Web 사이트

■ 도서 A/S 안내

성안당에서 발행하는 모든 도서는 저자와 출판사, 그리고 독자가 함께 만들어 나갑니다.
좋은 책을 펴내기 위해 많은 노력을 기울이고 있습니다. 혹시라도 내용상의 오류나 오탈자 등이
발견되면 **"좋은 책은 나라의 보배"**로서 우리 모두가 함께 만들어 간다는 마음으로 연락주시기
바랍니다. 수정 보완하여 더 나은 책이 되도록 최선을 다하겠습니다.
성안당은 늘 독자 여러분들의 소중한 의견을 기다리고 있습니다. 좋은 의견을 보내주시는 분께는
성안당 쇼핑몰의 포인트(3,000포인트)를 적립해 드립니다.
잘못 만들어진 책이나 부록 등이 파손된 경우에는 교환해 드립니다.